ROMAN SIEBERTZ

PREISE, LÖHNE UND LEBENSSTANDARD IM SAFAVIDISCHEN IRAN

Eine Untersuchung zu den Rechnungsbüchern Wollebrand Geleynssen de Jonghs (1641–1643)

ÖSTERREICHISCHE AKADEMIE DER WISSENSCHAFTEN
PHILOSOPHISCH-HISTORISCHE KLASSE
SITZUNGSBERICHTE, 835. BAND

VERÖFFENTLICHUNGEN ZUR IRANISTIK
HERAUSGEGEBEN VON BERT G. FRAGNER UND FLORIAN SCHWARZ

NR. 70

ROMAN SIEBERTZ

PREISE, LÖHNE UND LEBENS-STANDARD IM SAFAVIDISCHEN IRAN

Eine Untersuchung zu den Rechnungsbüchern Wollebrand Geleynssen de Jonghs (1641–1643)

Verlag der
Österreichischen Akademie
der Wissenschaften

ÖAW

Wien 2013

Vorgelegt von w. M. Bert G. Fragner
in der Sitzung am 16. März 2012

Titelgestaltung unter Verwendung von Caesar van Everdingen, Wollebrand Geleynssen de Jongh (1674), mit freundlicher Genehmigung des Stedelijk Museum Alkmaar, Niederlande

Die verwendete Papiersorte ist aus chlorfrei gebleichtem Zellstoff hergestellt, frei von säurebildenden Bestandteilen und alterungsbeständig.

ISBN 978-3-7001-7263-5

Druck: Prime Rate kft., Budapest

http://hw.oeaw.ac.at/7263-5
http://verlag.oeaw.ac.at

INHALTSVERZEICHNIS

Vorwort

In welchen Häusern
Des goldstrahlenden Lima wohnten die Bauleute?
Wohin gingen an dem Abend, wo die Chinesische Mauer fertig war
Die Maurer?

Die vorliegende Arbeit entstand im Rahmen eines von der Deutschen Forschungsgemeinschaft geförderten Projekts zur Wahrnehmung und Darstellung von Staat und Gesellschaft Irans in den Berichten von Angestellten der Niederländischen Ostindiencompagnie (VOC) im Zeitraum vom Tode ʿAbbās I. 1629 bis zur afghanischen Invasion 1722. Einen wesentlichen Teil der Forschung bildete dabei die Arbeit im niederländischen Nationalarchiv in den Haag, bei der dem Verfasser besonders die Hilfsbereitschaft und Geduld des dortigen Personals in guter Erinnerung geblieben sind.

Mein besonderer Dank gilt an dieser Stelle Herrn Christian Rödel M.A. (Bamberg) für seine Unterstützung bei der Erschließung des Quellenmaterials sowie die begleitenden, überaus anregenden Gespräche und Bemerkungen, sowie Herrn Dr. Nader Purnaqcheband (Halle), Herrn Daniel Redlinger M.A. (Bonn) und Herrn Torsten Wollina M.A. (Berlin) für ihre Hilfe bei der Korrektur des Textes und ihre zahl- und hilfreichen Hinweise. Zu Dank verpflichtet bin ich auch Prof. Dr. Rudolph P. Matthee (Newark), Dr. Florian Schwarz (Wien) und PD Dr. Tania Puschnerat (Berlin) und Heinz Siebertz (Troisdorf) für alle Text und Gestaltung betreffenden Hinweise und Auskünfte. Ferner muss ich Herrn Dr. Georg Danckwerts, Herrn Scayan Hoseyni (beide Bonn) und Herrn Dr. Şevket Küçükhüseyin (Bamberg) für ihre Hilfeleistung beim Erstellen der Druckvorlage danken.

Herrn Dr. Florian Schwarz und Herrn Prof. em. Dr. Bert G. Fragner danke ich schließlich für die Aufnahme der Arbeit in die „Veröffentlichungen zur Iranistik“.

Die Transkription der Begriffe, Orts- und Personennamen richtet sich nach der Umschrift der DMG. Bei der Schreibung der Ortsnamen war zunächst diejenige des *Tübinger Atlas des Vorderen Orients* (TAVO), bei den dort nicht verzeichneten Orten die des *Historical Gazeteer of Iran* maßgeblich.

Widmen möchte ich diese Arbeit schließlich denjenigen, deren oft genug kaum beachtetes Schicksal den Gegenstand dieser Studie bildet:

der iranischen Bevölkerung.

Bonn, im September 2012

1. Einleitung

Die Herrschaft der Safaviden (1501–1722) gilt allgemein als eine der glanzvollsten Abschnitte der Geschichte Irans. Nach Jahrhunderten der Fremdherrschaft und bevor es durch den Zusammenbruch infolge der afghanischen Invasion seit dem 18. Jahrhundert wieder in Schwäche und Rückständigkeit verfallen sei, sei das Land unter einer Reihe fähiger Herrscher neben den anderen „gunpowder empires", also dem Osmanischen und dem Moghulreich, zu einer asiatischen Großmacht aufgestiegen, deren Machtentfaltung und prächtige Hofhaltung nicht zuletzt die zahlreichen europäischen Besucher beeindruckte.

Es sind besonders die Reiseberichte europäischer Zeitgenossen, die bis in die Gegenwart das oben geschilderte Bild des safavidischen Iran geprägt haben. Ihre Verfasser, die wie Chardin[1] und Tavernier[2] als Kaufleute für Luxuswaren, als Angehöriger diplomatischer Gesandtschaften (wie Olearius[3] und Kaempfer[4]) oder wie Pietro della Valle[5] als karrieresuchende Abenteurer das Land bereisten, kamen allerdings in erster Linie in Kontakt mit der höfischen Kultur. Ihre üblichen Gesprächspartner waren, neben in Iran ansässigen Europäern oder einheimischen Gelehrten, vor allem Hofbeamte und Provinzgouverneure, mithin also Angehörige der politischen Elite. Über das Alltagsleben der Safavidenzeit, vor allem über die Lage der unteren Bevölkerungsschichten, werden in diesen Berichten hingegen durchweg nur spärliche Angaben gemacht.

Neben den Darstellungen, die sich auf der Grundlage der europäischen Beschreibungen Irans wie der persischsprachigen Dokumente und Chroniken auf die Ereignis- und Verwaltungsgeschichte beschränken, haben jene Studien, die die mitunter umfangreichen Berichte der englischen und besonders der niederländischen Ostindiengesellschaften ausgewertet haben, viel zum Verständnis der wirtschaftlichen Entwicklung Irans in dieser Periode beigetragen.[6] Freilich kennzeichnet sich das dabei vorrangig verwendete Quel-

---

[1] Chardin 1811.

[2] Tavernier 1676–1677.

[3] Olearius 1656.

[4] Kaempfer 1712, im Folgenden zitiert nach der deutschen Übersetzung von Walter Hinz (Hinz 1940).

[5] della Valle 1843.

[6] Floor 2000 u. Matthee 1999.

lenmaterial zum einen dadurch aus, dass die Verfasser die iranischen Verhältnisse aus dem Blickwinkel des Außenstehenden, und in erster Linie des Kaufmanns betrachteten. Ihr Interesse war daher natürlich neben dem Geld- und Warenverkehr auf die darauf bezüglichen Rahmenbedingungen, d.h. die Arbeitsweise und Stabilität des Staatsapparates, gerichtet. Einzelheiten über das Alltagsleben im damaligen Iran finden sich dementsprechend weniger in den offiziellen Berichten, sondern noch am ehesten in den Aufzeichnungen der einfachen Angestellten. So informiert der Bericht, den der niederländische Gesandte Johann Josua Ketelaar seinen Vorgesetzten in Batavia über seine Mission nach Isfahan in den Jahren 1717–1718 vorlegte,[7] über den Verlauf der Reise, die geführten Verhandlungen und die Verhältnisse am Hof. Von der Hungersnot, die zu dieser Zeit in Isfahan herrschte, und ihren zum Teil erschreckenden Auswirkungen erfahren wir indessen nur aus den Aufzeichnungen Johann Gottlieb WORMs,[8] der als Soldat in niederländischen Diensten zum Gefolge Ketelaars gehörte. Dieser Fall betrifft indes schon die Spätzeit der safavidischen Herrschaft. Für das 17. Jahrhundert muss, was die Lebensumstände der breiten Masse betrifft, als Stand der Forschung immer noch die Darstellung Hans Robert ROEMERs gelten, der vor mehreren Jahrzehnten aus der Schilderung eines französischen Reisenden, der zufolge die Bauern überall reinlich gekleidet und ihre Frauen und Töchter reichen Schmuck trügen, gefolgert hat, dass die Herrschaft ʿAbbās I. und seiner Nachfolger für alle Iraner eine Periode von Wohlstand und Sicherheit, mithin ein `Goldenes Zeitalter´, dargestellt habe.[9]

Eine Sammlung von im niederländischen Nationalarchiv in Den Haag aufbewahrten Dokumenten vermag es jedoch, wenigstens für einen kleinen Zeitausschnitt einen vielleicht einzigartigen Einblick in den Alltag der unteren Schichten und die materielle Kultur der Safavidenzeit zu ermöglichen und dadurch ein differenzerteres Bild der Lebensumstände der unteren Schichten im damaligen Iran zu entwerfen.

Es handelt sich dabei um fünf Rechnungsbücher aus dem Nachlass von Wollebrand Geleynssen de Jongh, der 1594 in Alkmaar geboren wurde und

[7] NA VOC (1.04.02), 1901, fol. 975r–1209r.

[8] WORM 1737, 293.

[9] Vgl. ROEMER 1953, 40. In diesem Sinne hat noch in jüngster Zeit die Rezensentin einer Studie zur safavidischen Baukultur bekannt, das von ihr besprochene Buch mit „leiser Trauer über die untergegangene Welt des Safavidischen Isfahan aus der Hand gelegt“ zu haben (QUIRING-ZOCHE 2011, 151).

hochbetagt im Alter von 80 Jahren in seiner Vaterstadt starb, nachdem er beinahe drei Jahrzehnte für die niederländische Vereinigte Ostindische Compagnie (VOC) in Asien tätig gewesen war.[10] Vorrangig war Geleynssen de Jongh während dieser Zeit in den sogenannten `Westerquartieren´ (den Niederlassungen der VOC in Arabien, dem Persischen Golf und an der Westküste Indiens) stationiert gewesen. Nachdem er bereits mehrere Jahre in verantwortlichen Positionen in Indien verbracht hatte (1624–1631 als Kaufmann in Gujarat, 1636–1640 als Direktor der Niederlassung in Agra), diente er schließlich zweimal, von 1641–1643 und von 1645–1647, als Leiter der Niederlassung der Compagnie in Iran und beendete seine Laufbahn in Asien 1648 als Kommandant der jährlichen Retourflotte, die die in Asien eingehandelten Waren von Batavia zurück in die Niederlande beförderte. Geleynssen de Jongh gehörte zur zweiten Generation niederländischer Kaufleute, deren Aufgabe darin bestand, den in Iran und Indien bereits etablierten Handel der VOC zu fördern und auszubauen. Für diese Aufgabe scheint er die erforderlichen Fertigkeiten, und besonders die diplomatische Qualifikation besessen zu haben. Auf seinem Posten in Agra stand er in direkter Beziehung zum Hof des Großmoguls, während seine Aufgabe in Iran darin bestand, in direkten Verhandlungen mit dem ebenso einflussreichen wie unnachgiebigen obersten Minister Mīrzā Taqī Ḫān günstigere Bedingungen für den Einkauf von Rohseide zu erlangen.[11] Bekannt geworden ist sein Name besonders durch seine *Remonstrantie*,[12] eine für den internen Gebrauch der VOC gedachte Beschreibung der politischen und wirtschaftlichen, aber auch der kulturellen und sozialen Verhältnisse in Nordwestindien, die ihn als einen aufmerksamen und vielseitig interessierten Beobachter ausweist.

Neben seinem klaren Blick für die Eigenheiten fremder Kulturen und sein offensichtliches Verhandlungsgeschick war ein weiterer Charakterzug Geleynssens seine „methodische Aufbewahrungssucht“,[13] die ihn dazu veranlasste, alle Schriftstücke aufzuheben, die im Laufe seiner Tätigkeit angefallen waren und die nicht dazu bestimmt waren, an die Zentralen in Batavia und Amsterdam weitergeleitet zu werden. Dadurch ist schließlich eine Sammlung von insgesamt 330 Stücken entstanden, die heute, wie bereits

[10] Zur Biographie Geleynssen de Jonghs vgl. VAN SANTEN 2001, 25ff.

[11] Vgl. MATTHEE 1999, 147–152.

[12] CALAND 1929.

[13] VAN SANTEN 2001, 29.

erwähnt, im niederländischen Nationalarchiv aufbewahrt wird.[14] Von Belang sind im Zusammenhang mit dem Thema dieser Studie allerdings die bereits genannten fünf Rechnungsbücher aus der Zeit von Geleynssen de Jonghs erster Amtszeit in Iran. Im Einzelnen handelt es sich dabei um die folgenden Stücke:

- eine Aufstellung der im VOC-Kontor in Isfahan ausbezahlten Gehälter, Kostgelder, der laufenden Ausgaben für Haushalt und Stall sowie der Kosten für angefallene Bauarbeiten für den Zeitraum vom Juli bis Dezember 1641
- eine entsprechende, auch die Aufwendungen für Geschenke an Würdenträger am Hof verzeichnende Aufstellung für den Zeitraum von Ende Mai 1642 bis Ende Februar 1643
- eine gleichartige Aufstellung der angefallenen Kosten und Ausgaben vom August bis Oktober 1642
- eine vom Assistenten Claes Adriaen erstellte Rechnung über die in Abwesenheit Geleynssen de Jonghs und der übrigen Angestellten vom Februar bis Juni 1641 im Kontor angefallenen Ausgaben sowie
- eine Aufstellung Geleynssen de Jonghs über die im Rahmen einer Reise von Bandar ʿAbbās nach Isfahan von Anfang Juli bis Anfang August 1642 entstandenen Ausgaben[15]

Die letztgenannte Rechnung ist bereits vor einigen Jahren von Willem FLOOR in einer englischen Übersetzung ediert worden.[16]

Der Grund für die Anlage dieser Sammlung ist nicht mehr genau zu ermitteln; vermutlich war Geleynssen bestrebt, sich jederzeit bei seinen Vorgesetzten für seine Amts- und Rechnungsführung rechtfertigen zu können.[17] Am ehesten lässt sich noch bei der von Claes Adriaen vorgelegten Abrechnung eine mögliche Verwendung als Beweismittel in einem Disziplinarver-

---

14 Collectie Wollebrandt Geleynssen den Jongh, Nationaalarchief Den Haag (NA), Inventarnummer 1.10.30. Angaben zu den einzelnen Stücken bei DE HULLU, J.: "Beschrijving van een verzameling van stukken afkomstig van Wollebrand Geleynsen de Jongh", unter: http://databases.tanap.net/ead/html/1.10.30/index.html.

15 NA Coll. Gel. de Jongh (1.10.30), 244, 235, 246A, 244A, 246.

16 FLOOR 1999b, 89–92.

17 Vgl. VAN SANTEN 2001, 10f.

fahren denken.[18] Unklar ist ferner, weshalb Geleynssen de Jongh aus seiner mehrjährigen Dienstzeit in Iran gerade diese insgesamt 90 Seiten umfassenden Aufzeichnungen aufbewahrt hat, die nur einen Teil seiner Dienstzeit abdecken.[19]

In jedem Fall ermöglichen es die verzeichneten Beträge und Summen, wenn auch nur in einem recht engen Zeitfenster von drei Jahren (1641–1643), die Lebensumstände von Kaufleuten, Bediensteten sowie von Handwerkern und Tagelöhnern sowie (in geringerem Maße) von Bauern rekonstruieren zu können. Die in den Rechnungsbüchern verzeichneten Gehälter, Geschenke und Ausgaben geben zunächst einmal Aufschluss über das Leben in der Niederlassung der VOC in Isfahan. Wir erfahren aus ihnen, wie viele niederländische und einheimische Arbeitskräfte dort angestellt waren, welche Räumlichkeiten sich dort befanden und wie diese eingerichtet und möbliert waren. Außer über die am Gebäude selbst anfallenden Reparaturen und Renovierungen geben die Abrechnungen Auskunft über die für Haushalt und Geschäftsführung anfallenden Ausgaben und die notwendigen Besorgungen etwa für Küche, Kanzlei und Stallungen. Aus den notierten Anschaffungen und Ausgaben, z.B. für das Anfertigen oder Reparieren von Möbeln, Werkzeug und Küchengeräten, lassen sich zudem Schlüsse über Marktpreise, Materialkosten und Arbeitslöhne im Basar ziehen, zu denen sonst keine Quellen verfügbar sind.

Wenn das Material nun auf der einen Seite Informationen enthält, die weit über eine reine Buchführung hinausgehen, müssen wir uns doch darüber im Klaren sein, dass die vorliegenden Daten andererseits immer nur bruchstückhaft bleiben. So erhalten wir nur über wenige Berufsgruppen (Maurer, Zimmerleute, Schmiede) genauere Angaben. Über die Preise und Verfügbarkeit von Lebensmitteln sind wir lediglich durch Geleynssen de Jonghs Rechnung über seine Reisekosten unterrichtet, in der er die die jeweiligen lokalen Preise in den passierten Dörfern sowie in Lār und (als einzige größere Stadt) Schiraz notiert hat, während vergleichbare Zahlen für Isfahan feh-

---

[18] Dieser hatte nämlich, wie sein Vorgesetzter nach seinem Eintreffen in Isfahan befand, Kerzen und Kaninchenfutter in übermäßigem Umfang verbraucht oder zu überhöhten Preisen in Rechnung gestellt und sich, neben der Compagnie zur Last gelegten kostspieligen Gefälligkeiten für Geschäftspartner und private Freunde, eigenmächtig einen Kredit von 350 Mahmudi aus der Kasse des Kontors gewährt (NA Coll. Gel. de Jongh (1.10.30), 244A, fol. 10v).

[19] Ungeklärt ist dabei auch, ob im Laufe der Zeit Dokumente z.B. durch Wurmfrass verloren gegangen sind.

len. Andererseits geben die Rechnungsbücher über die anfallenden Ausgaben für Werkstoffe und Löhne fast ausschließlich Auskunft über Isfahan, während für die Provinz kaum vergleichbare Zahlen angegeben werden. Die folgenden Angaben können daher nur den Versuch einer Annäherung an das Thema Lebenshaltungskosten darstellen, bei der mit aller gebotenen Vorsicht Rückschlüsse aus einem räumlich wie zeitlich beschränkten Materialkorpus gezogen werden müssen.

Die in den Rechnungsbüchern angegebenen Preise und Löhne orientieren sich am damals geltenden iranischen Münzfuß, wobei als Silbermünze der auch in Indien im Umlauf befindliche *Mahmudi*[20] und als Kupfermünze der *Qazbegi*[21] die maßgeblichen Einheiten darstellen. Da in den Rechnungsbüchern der VOC allerdings nicht nur der Handel in Iran, sondern zum Beispiel auch in Gujarat (Indien) in Mahmudi abgerechnet wurde und zudem in den Bilanzen der umgerechnete Wert von acht Stuijver für einen Mahmudi über lange Zeit konstant geblieben ist[22], ist anzunehmen, dass es sich bei den angegebenen Geldmengen nicht um den tatsächlichen Betrag handelt, sondern der Mahmudi eher als Verrechnungseinheit für Ein- und Ausgaben in Silberwährung verwendet wurde. Dadurch ergibt sich allerdings die Möglichkeit, die angegebenen Beträge in niederländische Gulden umzurechnen und die Löhne und Preise, und somit die Lebenshaltungskosten zur Safavidenzeit, wenigstens annäherungsweise mit den entsprechenden Werten in den Niederlanden und auch in anderen Teilen Asiens vergleichen zu können.[23]

---

[20] Vgl. Institut voor Nederlandse Geschiedenis 2000, 71. Bei Olearius, dessen Ausführungen zum iranischen Geldwesen den Rechnungsbüchern zeitlich am nächsten stehen, erscheint der Moḥammadi als „Chodabende“ (wegen seiner angeblichen Erstprägung unter Schah Moḥammad Ḫodābandeh) Olearius 1656, 559f.); die Etymologie des Namens ist indes umstritten (vgl. Matthee 1999, 249). Der *Lari* (oder *Larijn*) zu einem Mahmudi und vier Qazbegi (vgl. Institut voor Nederlandse Geschiedenis 2000, 67), den Olearius als die ältere, noch als Zahlungsmittel gebräuchliche Silberwährung benennt (vgl. Olearius 1656, 560), erscheint in den Rechnungsbüchern bei der Berechnung der Kostgelder (NA Coll. Gel. de Jongh (1.10.30), 244, fol. 2v, 3v, 4r , 11r, 12r, 12v).

[21] Vgl. Institut voor Nederlandse Geschiedenis 2000, 60. Der Qazbegi, der v.a. der Abwicklung kleinerer Geschäfte diente (vgl. Floor 2000, 66f.) wird bei Olearius ebenfalls als die wichtigste Kupfermünze genannt (vgl. Olearius 1656, 560).

[22] Vgl. Institut voor Nederlandse Geschiedenis 2000, 71.

[23] Vgl. Kap. 8.

2. Löhne und Personalkosten

Innerhalb des niederländischen Handelsimperiums in Asien nahm Iran eher eine untergeordnete Stellung ein. Die VOC konzentrierte sich bei ihren Aktivitäten neben ihren territorialen Besitzungen auf Java, den Molukken und Sri Lanka, den Handel mit Japan und auf dem indischen Sukontinent auf die Zentren der indischen Textilproduktion in Gujarat und Bengalen sowie entlang der Malabar- und Koromandelküste.[24] Unter den den Westerkwartieren zugerechneten Stützpunkten waren die Niederlassungen in Iran allerdings von grosser Bedeutung, und dies nicht nur für den Handel der VOC, sondern auch für deren einheimische Geschäftspartner in den Warenumschlagplätzen und am königlichen Hof.[25] Für die Niederländer waren diese ein bedeutender Absatzmarkt für Waren aus Asien und Europa,[26] während Iran Rohstoffe wie Rohseide und Wolle sowie für den innerasiatischen Handel der VOC dringend benötigte Edelmetalle (in Form von Gold und Silberwährung) lieferte. Auf der anderen Seite verband die iranische Krone, die den Seidenhandel mit einem Monopol kontrollierte, die Erlaubnis an die Niederländer, sich in ihrem Herrschaftsbereich kommerziell zu betätigen, mit der Verpflichtung durch die VOC, zu festgesetzten Preisen jährlich ein bestimmtes Kontingent an Seide abzunehmen, um dadurch ihren eigenen Bedarf an Gold und Silber zu decken.[27] Obwohl dabei jährlich kaum mehr als zwei oder drei eher kleine Schiffe den Persischen Golf anfuhren[28] (im Jahr 1643 waren dies die *de Pauw* und die *Leeuwaerden*),[29] war der iranische Markt für die Compagnie lukrativ und bedeutend genug, dass diese, wie im Jahr 1645 geschehen, für

---

[24] Vgl. dazu die grundlegenden Darstellungen in Gaastra 2002 u. Schmitt/Schleich/Beck 1988.

[25] An Übersichtsdarstellungen sei dabei an die Darstellungen von Rietbergen (Rietbergen 2004) und Floor (Floor 1999a), zur Wirtschaftsgeschichte auf die Studien von Matthee (Matthee 1999) und Klein (Klein 1993/1994), an zeitgenössischen Quellen. Materialreiche Darstellungen zeitgenössischer Autoren bilden die Kompilationen von Van Dam (in: Stapel 1927–43, Bd. III u. Valentijn (Valentijn 1726).

[26] Neben den im Machtbereich der VOC erzeugten Gewürzen (Muskat, Nelken und Zimt) waren dies an asiatischen Waren bedruckte indische Baumwollstoffe und Arzneimittel (Kampfer und Radix China) sowie Luxuswaren wie Porzellan und Zucker, während aus Europa besonders Kupfer und Kupferwaren eingeführt wurden (NA VOC (1.02.04), 1144, fol. 488r).

[27] Vgl. dazu besonders die erwähnte Arbeit von Rudi Matthee (Matthee 1999).

[28] Vgl. Valentijn 1726, 233f.

[29] NA VOC (1.02.04), 1144, fol. 488r–492r, vgl. Kap. 3, 32f.

den Zugang zum diesem Markt notfalls eine bewaffnete Auseinandersetzung riskierten.[30]

Für die Durchführung ihrer Geschäfte war ein Stab von etwa 20 Angestellten ausreichend, von denen nur ein gutes Drittel kaufmännisches Personal war.[31] Dieses bestand neben dem für den Handel in Iran und dem Persischen Golf verantwortlichen Direktor aus einem Kaufmann (*koopman*) als dessen Stellvertreter (*seconde*), mehreren Unterkaufleuten (*onderkooplieden*) und Assistenten und einem Chirurgen.[32] Zum Personal gehörten ferner ein Buchhalter und ein über die Disziplin und Gesetzestreue der Angestellten wachender *fiscaal*,[33] soweit diese Tätigkeiten nicht von einem der Unterkaufleute übernommen wurden.[34] Hinzu kamen an einheimischen Angestellten noch ein Dolmetscher (*tolk*), mehrere Botenläufer (die gewöhnlich zwischen Isfahan und anderen Städten unterwegs waren) sowie die persönlichen Diener der höheren Angestellten, wobei den Rechnungsbüchern zufolge ein Oberkaufmann Anspruch auf zwei, ein Kaufmann oder Unterkaufmann sowie der *tolk* auf jeweils einen Bedienten hatten.

Dem Kontor in Isfahan waren neben dem als *seconde* eingesetzten Kaufmann lediglich zwei Unterkaufleute und zwei Assistenten zugeteilt, während der größere Teil der Angestellten in Bandar ʿAbbās stationiert war.[35] Das Hauspersonal umfasste den Hausdiener, eine Pförtner, einen Gärtner, den Koch (den Angaben zufolge ein Niederländer)[36] sowie einen Pferdeknecht (*mehtar*). Neben diesen beiden Niederlassungen besaß die VOC noch Unterkünfte und Packhäuser in Schiraz und Lār, die von persischen[37] oder armenischen[38] Angestellten bewacht wurden.

Außer über die Bedeutung einer Stellung und den Wert, der einer Arbeitsleistung in der damaligen Zeit beigemessen wurde, geben die einzelnen

---

[30] Vgl. dazu FLOOR/FAGHFOORY 2004.

[31] Vgl. die Aufstellung des in Iran tätigen Personals in einer Missive Geleynssen de Jonghs an den Generalgouverneur in Batavia vom Mai 1643 (NA VOC (1.04.02), 1144, fol. 492r). Die offizielle Beschreibung der VOC gibt für die 1680er Jahre einen Personalbestand von 17 Angestellten für das Jahr 1685 (vgl. STAPEL 1927–43, Bd. III, 257) bzw. 23 Angestellten für 1680 an (vgl. STAPEL 1927–43, Bd. III, 241).

[32] NA VOC (1.02.04), 1144, fol. 492r.

[33] Vgl. STAPEL 1927–43, Bd. III, 241 u. 257.

[34] Dies war z.B. unter Geleynssen de Jongh der Fall (NA VOC (1.02.04), 1144, fol. 492r).

[35] Vgl. NA VOC (1.02.04), 1144, fol. 492r.

[36] NA Coll. Gel. de Jongh (1.10.30), 244, fol. 2v.

[37] NA Coll. Gel. de Jongh (1.10.30), 246, fol. 4.

[38] NA Coll. Gel. de Jongh (1.10.30), 246, fol. 4.

in den Rechnungsbüchern verzeichneten Posten auch Auskunft über die soziale Welt der VOC-Niederlassung in Isfahan. Die Compagnie besaß dort neben mehreren Lagerhäusern[39] eine eigene Niederlassung. Diese befand sich in der Nähe des Haupteingangs zum Basar, und damit auch des Meydān-e Šāh und der königlichen Palastanlagen sowie in enger Nachbarschaft zu den Niederlassungen der englischen Ostindiencompagnie, den Klöstern der Kapuziner und Karmeliter sowie der Karawanserei von ʿAlī Qolī Ḫān, in dem die indischen Geldwechsler ihre Unterkunft genommen hatten.[40] Wie die übrigen Ausländer wohnten also auch die Niederländer in einer Art *settlement* in unmittelbarer Nähe des Macht- und Wirtschaftszentrums Irans, was wohl nicht zuletzt auf die Stellung der europäischen Kaufleute und christlichen Geistlichen als Klienten des Hofes[41] zurückzuführen war. Bei der Niederlassung selbst (in den Quellen als „logis" bezeichnet) handelte es sich um das ehemalige Wohnhaus ʿAlī Mīrzā Begs, das nach dessen Hinrichtung 1615 von ʿAbbās I. den Niederländern zur Verfügung gestellt und durch Huybert Visnich, den ersten Vertreter der VOC in Isfahan, einige Jahre später regulär für die Compagnie erworben worden war.[42] Berichten zufolge handelte es sich um ein stattliches Anwesen, das u.a. über zwei Gärten[43] und Stallungen verfügte. Während der Amtszeit Geleynssen de Jonghs war die Hälfte des ursprünglichen Gebäudes an den *šayḫo l-Eslām* verkauft, was möglicherweise mit den hohen Unterhaltskosten für ein solches Anwesen zusammenhing.[44]

Das Gebäude diente gleichzeitig als Wohnraum der Angestellten und als ihr Arbeitsplatz, wo die Geschäfte abgewickelt, der diplomatische und ge-

---

[39] NA Coll. Gel. de Jongh (1.10.30), 244, fol. 9v. u. 10 v. u. NA Coll. Gel. de Jongh (1.10.30), 245, fol. 11v.

[40] Vgl. CHARDIN 1811, Bd. 7, 412, GAUBE/WIRTH 1978, 136f. u. BLAKE 1999, 131ff.; zur genauen Lage der Faktoreien insbes. 103; ferner LOCKHART 1958, 380. Zur den in Isfahan ansässigen Kaufleuten vgl. Blake 1999, 118–130, zur Rolle indischer Kaufleute als Geldwechsler vgl. BLAKE 1999, 129ff. u. FLOOR 2000, 42f.

[41] Jean CHARDIN bezeichnet sie als als „personnes publiques, [...] sous la protection immédiate du roi", vgl. CHARDIN 1811, Bd. 7, 411. Insofern waren sie den am Fernhandel beteiligten iranischen Kaufleuten gleichgestellt, die sich als Importeure von Luxuswaren in enger Beziehung zum Hof befanden und unter der Aufsicht eines eigenen Hofbeamten, des *nāẓer-e buyūtāt*, standen (vgl. BLAKE 1999, 101f).

[42] Vgl. CHARDIN 1811, Bd. 7, 415f., u. BLAKE 1999, 91 u. 187.

[43] Ausführliche Beschreibungen des Logis in Isfahan aus späterer Zeit finden sich bei DE BRUIJN 1714, 196ff. u. STAPEL 1927–43, Bd. II,3, 280.

[44] Vgl. S.78.

schäftliche Briefwechsel vorbereitet, Würdenträger und Geschäftspartner empfangen und bewirtet sowie die für Reisen benötigten Pferde und Maultiere versorgt wurden. Das Hauspersonal umfasste den Hausdiener, eine Pförtner, einen Gärtner, den Koch (den Angaben zufolge ein Niederländer)[45] sowie einen Pferdeknecht (*mehtar*). Hinzu kamen mehrere Botenläufer, die gewöhnlich zwischen Isfahan und anderen Städten unterwegs waren. Bei Anwesenheit des Direktors, des *tolk* und des übrigen kaufmännischen Personals beherbergte die Niederlassung knapp 20 Personen. Dieser personelle Höchstbestand war gewöhnlich im Frühjahr bis Herbst gegeben. In den Wintermonaten, wenn der Direktor und die übrigen Mitarbeiter in Isfahan nach Bandar ʿAbbās gereist waren, um das Anlanden und den Verkauf der mit den Schiffen der Compagnie aus Indien und dem Malaiischen Archipel eingetroffenen Waren zu organisieren, verblieben, wie wir der Abrechnung Adriaens entnehmen können, neben Adriaen selbst als verantwortlichen Vertreter der Compagnie lediglich drei der einheimischen Bediensteten, der Hausdiener, der Pförtner und der Gärtner, in Isfahan.[46]

Insgesamt waren in ganz Iran nur halb so viele VOC-Bedienstete tätig wie im als Zentrum der Textilproduktion bedeutenden Gujarat,[47] und während die Compagnie dort rund 100 einheimische Angestellte in ihren Diensten hatte, war deren Zahl in den iranischen Kontoren gleichfalls wesentlich geringer.[48] Ein wesentlicher Grund dafür mögen die unterschiedlichen Lohnkosten in beiden Quartieren gewesen sein. Da in Gujarat zu dieser Zeit Arbeitskräfte so billig waren, war der Vertreter der VOC zur angemessenen Repräsentation auf ein zahlreiches Gefolge angewiesen, da sich jeder, der auch nur über etwas Geld verfügte, mehrere Bedienstete und Sklaven leistete.[49] Dagegen beschränkte man sich in Iran auf die unbedingt erforderliche Zahl von einheimischen Bedienten. Dabei wurde ausdrücklich vermerkt, dass die an diese gezahlten Löhne wegen der hohen Preise (*alsoo daar te lande alles duyr is*)[50] deutlich über dem in anderen Teilen Asiens üblichen Niveau lagen.

---

[45] NA Coll. Gel. de Jongh (1.10.30), 244, fol. 2v.
[46] NA Coll. Gel. de Jongh (1.10.30), 244A passim.
[47] STAPEL 1927–43, Bd. II,3, 241.
[48] Vgl. STAPEL 1927–43, Bd. II,3, 241f.
[49] Vgl. DELLA VALLE 1843, Bd. 2, 517f. u. KOLFF/VAN SANTEN 1979, 309.
[50] Vgl. STAPEL 1927–43, Bd. II,3, 242.

Sowohl die niederländischen als auch die einheimischen VOC-Bediensteten empfingen ein regelmäßiges monatliches Gehalt, das sich nach ihrem jeweiligen Rang bzw. ihrer Aufgabe in der Niederlassung bemaß. Bei den europäischen Angestellten entsprachen die gezahlten Gehälter den von der VOC für ihre Beschäftigten in Asien festgesetzten Summen.[51] Der *directeur* erhielt demnach monatlich 180 Gulden oder umgerechnet 360 Mahmudi, sein *seconde* 100 Gulden (200 Mahmudi), ein Unterkaufmann je nach abgeleisteter Dienstzeit 36–40 Gulden (72–80 Mahmudi) und ein Assistent, ebenfalls abhängig von seiner Dienstzeit, 15–24 Gulden (30–48 Mahmudi).[52] Zusätzlich erhielt jeder Angestellte pro Monat noch einen festen Betrag zum Bestreiten des täglichen Lebensunterhalts (die sog. *rantsoen*), dessen Umfang sich ebenfalls nach seiner Stellung bemaß.[53] Für den Direktor belief sich dieser auf umgerechnet[54] 125 Mahmudi,[55] während dem *seconde* 75 Mahmudi,[56] einem Unterkaufmann 37½ Mahmudi und einem Assistenten 25 Mahmudi zustanden.[57] Eine erhöhte *rantsoen* wurde den Dienern der Compagnie für den Zeitraum gestattet, in dem sie innerhalb des Landes auf Reisen waren; in diesem Fall betrug der veranschlagte Monatssatz für den Direktor 210 Mahmudi, für einen *onderkoopman* 90 Mahmudi

---

[51] Allgemein ist es nicht möglich, für den untersuchten Zeitraum die tatsächlich gezahlten Löhne genau zu ermitteln. Die auch in der Literatur (Vgl. BOXER 1965, 300f.) genannten Zahlen sind dem Werk VAN DAMS entnommen, das allerdings den Stand der 1680er Jahre widerspiegelt (vgl. STAPEL 1927–43, Bd. III, S.7). Aus einem anderen bei VAN DAM vermerkten Dokument, das für 1649/50 identische Summen angibt („Reglement ter vergadering van de Seventiende geconcipieert, op 't aanneemen van d'officieren in de respective Cameren van de Compagnie", in STAPEL 1927–43, Bd. II, 1, 557) lässt sich allerdings schließen, dass die entsprechenden Löhne zu einem früheren Zeitpunkt bereits ähnlich angesetzt worden waren und langfristig auf gleichem Niveau blieben.

[52] STAPEL 1927–43, Bd. III, 241 u. 257.

[53] NA Coll. Gel. de Jongh (1.10.30), 245, fol. 1v, fol. 3v u. fol. 4r. (Die Verköstigung der Angestellten entsprach dabei sowohl europäischem (ROECK 1991, 72) als auch iranischem Brauch (vgl. POLAK 1865, Bd. 1, 239).

[54] Diese werden bei VAN DAM (vgl. STAPEL 1927–43, Bd. III, 263f.) wie auch in einigen Fällen in den Rechungsbüchern (NA Coll. Gel. de Jongh (1.10.30), 244, fol. 2v, 3v, 4r, 10r, 11r, 12r, 12v) in Reales oder Lari angegeben, sind jedoch hier stets im Mahmudi umgerechnet.

[55] NA Coll. Gel. de Jongh (1.10.30), 244, fol. 2v.

[56] NA Coll. Gel. de Jongh (1.10.30), 245, fol. 1v.

[57] NA Coll. Gel. de Jongh (1.10.30), 244, fol. 2v u. NA Coll. Gel. de Jongh (1.10.30), 245, fol. 1v.

und für einen Assistenten 60 Mahmudi.[58] Im Normalfall erhielten somit ein *directeur* und sein Stellvertreter insgesamt im Monat je 485 Mahmudi bzw. 174 Mahmudi als Gehalt, während ein Unterkaufmann maximal 117½ Mahmudi und ein Assistent zum höchsten 73 Mahmudi an Lohn und Kostgeld erhielten.

Auf einer anderen Ebene bewegten sich die Löhne, die den einheimischen Angestellten des Logis gezahlt wurden. Diese waren vor allem als Dienerschaft angestellt und standen, wie auch sonst in der iranischen Gesellschaft,[59] in der sozialen Hierarchie der VOC auf einer ähnlichen Stufe wie Matrosen oder Soldaten. Entsprechend waren ihre jeweiligen Gehälter bemessen. Einschließlich des monatlichen Kostgeldes von 15 Mahmudi[60] wurde den drei Isfahaner Hausangestellten (dem Pförtner, dem Hausdiener und dem Gärtner) pro Monat ein Gesamtgehalt von 35 Mahmudi gezahlt;[61] ähnlich viel (30–35 Mahmudi)[62] erhielt im Durchschnitt der Leibdiener eines höheren VOC-Angestellten. Laut Adriaens Rechnungsbuch[63] betrug das Grundgehalt des Hausdieners 25 Mahmudi und das des Gärtners 20 Mahmudi, was zu dieser Zeit bei der VOC ungefähr dem Monatssold eines Matrosen (max. zehn Gulden bzw. 20 Mahmudi)[64] oder eines Soldaten (neun Gulden bzw. 18 Mahmudi)[65] entsprach. Besser gestellt waren Angestellte, die Tätigkeiten ausübten, die über die häuslichen Verrichtungen hinausgin-

---

58 NA Coll. Gel. de Jongh (1.10.30), 244, fol. 1v u fol. 7v. Einer niederländischen Dienstmagd, die Dienerin bei der verstorbenen (?) Gattin eines *opperkoopmans* gewesen war, wurden ebenfalls 60 Mahmudi als *rantsoen* zugestanden (NA Coll. Gel. de Jongh (1.10.30), 244, fol. 7v).

59 Diese unterteilte sich neben der Elite (*ʿolamāʾ va ʿomma*) in Kaufleute (*toǧǧār*) und Handwerksmeister (*ahl-e ḫerkeh*), Handwerksgesellen und Dienstboten (*šagerdhā/pīšḫedmat*) sowie, auf der untersten Stufe, die mittellosen Tagelöhner (*foqarā*), vgl. FLOOR 2000, 6).

60 NA Coll. Gel. de Jongh (1.10.30), 244A, passim, NA Coll. Gel. de Jongh (1.10.30), 244, fol. 9r.

61 Für den Pförtner: NA Coll. Gel. de Jongh (1.10.30), 244, fol. 5r , fol. 10 r. u. fol. 13r, NA Coll. Gel. de Jongh (1.10.30), 245 fol. 1r, fol. 3v, fol. 4r; für den Hausdiener NA Coll. Gel. de Jongh (1.10.30), 244, fol. 9r u. fol. 13r, NA Coll. Gel. de Jongh (1.10.30), 245, fol. 1v u. fol. 4r; für den Gärtner NA Coll. Gel. de Jongh (1.10.30), 244, fol. 10r. u. fol 13r., NA Coll. Gel. de Jongh (1.10.30), 245 fol, 1v, fol. 3v u. fol. 4r.

62 NA Coll. Gel. de Jongh (1.10.30), 244, fol. 2r, fol. 2v, fol. 3r, NA Coll. Gel. de Jongh (1.10.30), 245, fol. 1v, fol. 2v, fol. 4r.

63 NA Coll. Gel. de Jongh (1.10.30), 244A, fol. 2r.

64 Vgl. STAPEL 1927–43, Bd. I,1, 557.

65 Vgl. STAPEL 1927–43, Bd. I,1, 558.

gen und ein höheres Maß sowohl an Verantwortung als auch an körperlicher Beanspruchung mit sich brachten. So wurde den Eilboten (*šāṭerhā*), die für die Beförderung der Post von Isfahan nach den anderen Kontoren zuständig waren,[66] im Monat ein Gehalt von insgesamt 45 Mahmudi gezahlt.[67] Denselben Lohn erhielt der Stallknecht, der für die Versorgung der wertvollen und als Reittiere wie auch als Geschenk für andere asiatische Herrscher für die Compagnie geschätzten Pferde zuständig war.[68] Beider Gehälter waren dabei denen untergeordneter VOC-Angestellter in verantwortlichen Positionen, wie der eines *botteliers* (Proviantmeisters) oder eines *constapels* (Feuerwerkers) zu vergleichen, die im Monat 24 Gulden oder 48 Mahmudi[69] bezogen. Der Unterschied in Stellung und Entlohnung zwischen europäischen und einheimischen Angestellten zeigte sich nicht zuletzt darin, dass Gehalt und Kostgeld des im Kontor angestellten Kochs, falls dieser (wie der in einem Rechnungsbuch genannte Joost Schaap) ein Niederländer war, dem eines Assistenten entsprachen,[70] während er andernfalls wie allen übrigen einheimischen Bediensteten die Summe von höchstens 35 Mahmudi erhielt.[71]

Unter den Angestellten nahm schließlich der Dolmetscher eine Sonderstellung ein. Dieser war einer der wichtigsten Männer im Kontor, da sich seine Aufgaben nicht allein auf die sprachliche Vermittlung bei Empfängen und Verhandlungen beschränkte, sondern zu seinen Kompetenzen gehörten auch die Korrespondenz in persischer Sprache, die Vermittlung zwischen der

---

66 Zu Beruf und Stellung des *šāṭer* vgl. KEYVANI 1982, 94f.

67 NA Coll. Gel. de Jongh (1.10.30), 244, fol. 3r. Allerdings wurden einem Kurier namens Chalou (oder: Chaluorr), der möglicherweise durch Rang oder Verantwortung gegenüber seinen Kollegen eine Sonderstellung einnahm, im Monat 50 Mahmudi als Lohn gezahlt (NA Coll. Gel. de Jongh (1.10.30) 244, fol. 3v u. fol. 6v).

68 NA Coll. Gel. de Jongh (1.10.30), 244, fol. 2r. Zum Pferdehandel in Iran vgl. FLOOR 2000, 167–170 u. KLEIN 1993/94, 155–178; zur repräsentativen Bedeutung von Pferden siehe auch ROTA 2009, 33–42.

69 Vgl. STAPEL 1927–43, Bd. I,1, 557.

70 Die entsprechende *rantsoen* wird Schaap im Rechnungsbuch zugewiesen (NA Coll. Gel. de Jongh (1.10.30), 244, fol. 2v), der Lohn für einen Koch ist festgelegt bei Stapel 1927–43, Bd. I,1, 557. Einem einheimischen Koch namens Morād (*Morath*) wurde einmal 35, ein anderes mal 25 Mahmudi als Monatsgehalt berechnet(NA Coll. Gel. de Jongh (1.10.30) 245, fol. 12r u. 14r), während ein anderer Koch namens Moḥammad (*Magamet*) ebenfalls 25 Mahmudi erhielt (NA Coll. Gel. de Jongh (1.10.30) 245, fol. 9r).

71 Im selben Rechnungsbuch wird dieser Betrag einem andern Koch namens Michiel gutgeschrieben (NA Coll. Gel. de Jongh (1.10.30), 244, fol. 10 r).

VOC und den zuständigen Würdenträgern bei Hofe und das Sammeln politischer Hintergrundinformationen (mithin eine Art Agententätigkeit).[72] Als dem für die Compagnie unerlässlichen *cultural broker* wurde ihm entsprechend ein Gehalt gezahlt, das mit mindestens 50 Mahmudi pro Monat[73] das Gehalt eines einfachen Angestellten deutlich übertraf und, nach dem gewöhnlich gezahlten Kostgeld von 37½ Mahmudi zu schließen, eher dem eines *onderkoopman* entsprach.[74] Damit wäre sein Gehalt allerdings mehr als dreimal so hoch gewesen wie das seines Dieners, der sich mit 30 Mahmudi im Monat[75] begnügen musste. In den überlieferten Rechnungsbüchern mag sich die Höhe des Gehalts auch damit erklären, dass der dort genannte Dolmetscher Bartolomeus in anderen Dokumenten als „Chefdolmetscher" (*opper tolck*) bezeichnet wird[76] und damit in der Hierarchie der einheimischen Bediensteten noch einmal eine besondere Stellung einnahm.

Im weiteren Sinne zum Personal der Niederlassung zählten schließlich noch Wäscher und Barbiere,[77] die ebenfalls ein monatliches Gehalt erhielten, das allerdings aufgrund ihrer seltener in Anspruch genommenen Dienstleistungen geringer als das der anderen einheimischen Angestellten ausfiel. Ein Wäscher erhielt beispielsweise vier Mahmudi[78] und ein Barbier zehn Mahmudi[79] als Gehalt. Die Barbiere nahmen insofern eine Sonderstellung ein, als dass es sich (wie einer Rechnung zu entnehmen ist)[80] bei ihnen nicht um Perser oder Türken, sondern um in Isfahan ansässige hinduistische Inder handelte. Möglicherweise spielten hier die schiʿitischen Reinheitsvorschriften im Umgang mit Nichtmuslimen eine Rolle.[81]

---

[72] Zum Aufgabenbereich und zur ethnischen Herkunft von Übersetzern im frühneuzeitlichen Iran vgl. HANEDA 2006 u. TOUZARD 2005.

[73] NA Coll. Gel. de Jongh (1.10.30), 245, fol. 13v. wird dieser Betrag als Lohn, neben einem Reisekostgeld von 90 Mahmudi pro Monat, als Lohn angegeben.

[74] In der Literatur findet sich über das vorgeschriebene Gehalt keine Angabe, die Höhe des Gehalts lässt sich auch hier aus der gezahlten *rantsoen* von 37½ Mahmudi (NA Coll. Gel. de Jongh (1.10.30), 244, fol. 1r) erschließen.

[75] NA Coll. Gel. de Jongh (1.10.30), 244, fol. 12v, NA Coll. Gel. de Jongh (1.10.30), 245, fol. 3v u. 4r.

[76] NA 1150, fol. 204r, 214r–214v.

[77] Zur Tätigkeit der Barbiere zur damaligen Zeit vgl. CHARDIN 1811, Bd. 4, 144f.

[78] NA Coll. Gel. de Jongh (1.10.30), 244, fol. 6r.

[79] NA Coll. Gel. de Jongh (1.10.30), 244, fol. 4v.

[80] NA Coll. Gel. de Jongh (1.10.30), 244, fol. 13r.

[81] So berichtet der Verfasser der in der Collectie Geleynssen de Jongh erhaltenen Beschreibung Irans, dass "bevor der Chaabas (Schah ʿAbbās) König wurde, das gemeine Volk so

Angesichts der vorgestellten Zahlen stellt sich die Frage, inwieweit sich die Löhne der iranischen Bediensteten der Compagnie von denen ihrer Landsleute unterschieden, und ob sich ihre Gehälter tatsächlich nach den landesüblichen Erfordernissen richteten.

Einen Vergleich ermöglichen dabei die in den Rechnungsbüchern verzeichneten Gehälter jener einheimischen Handwerker und Arbeiter, die für Bau- und Reparaturarbeiten oder andere Verrichtungen und Arbeiten in Dienst genommen wurden und in Gestalt derer die Niederlassung in direkten Kontakt zu ihrer sozialen Umgebung trat.[82] Das Bild, das sich aus diesen Angaben macht, ist einmal mehr unvollständig und selektiv, da nur jene Handwerkszweige und Berufe verzeichnet sind, die für das Alltags- und Geschäftsleben im Logis von Bedeutung waren. Daher finden sich Informationen zu den Löhnen für Schmiede, Maurer, Zimmerleute und Tischler (wobei offensichtlich keine klare Trennung zwischen beiden Berufen bestand) sowie für Lastenträger, Schreiber und Buchbinder. Dagegen erfahren wir nichts von oder erhalten nur bruchstückhafte Angaben über die Einkommen etwa von Bäckern, Schneidern, Webern, Schuhmachern oder Zinn- und Kupferschmieden. Ebenso dürftig sind die Daten zu den Gehältern königlicher oder städtischer Beamter, von denen lediglich die Zollbeamten in den größeren Städten oder den Zollstationen auf dem Weg genannt werden.[83] Allerdings erlauben die auf den ersten Blick recht mageren Daten dennoch erhellende Rückschlüsse auf Einkommen und Kaufkraft.

Am klarsten lassen sich die Löhne bei den in Dienst genommenen Maurern (*me'mārhā*) berechnen. Ein Maurermeister (*ostād*)[84] in Isfahan erhielt

---

erbittert war, daß wenn ein Christ vorbeigekommen, sie die Steine von der Straße wegnahmen und sagten, dass ihre Straßen dadurch entheiligt worden seien (*voor desen er den Chaabas Coninck wert was het gemeijne volck soo bitter dat daer een Christen gepasseert hadden namen de steenen vande straeten op ende seijden haere straeten daer door ontheijigt waeren*), vgl. Coll Ge. De Jongh (1.1.30), 141, fol. 74r–74v.

82 Eine der wenigen Vergleichsmöglichkeiten bietet die von BLAKE angeführte Aufstellung der den Arbeitern und Studenten an der Isfahaner Šāhmoschee *(Masǧed-e Šāh)* gezahlten Löhnen und Stipendien. Demzufolge erhielten die dort angestellten 35 Diener und Arbeiter jährlich zusammen 18,4 Toman bzw. 1840 Mahmudi, was rein rechnerisch ein Monatsgehalt von vier Mahmudi und sieben Qazbegi ergäbe. Von den 37 Studenten erhielten 25 ein jährliches Stipendium von 200 Mahmudi (oder monatlich 16 Mahmudi) und zwölf weitere eines von 300 Mahmudi (25 Mahmudi monatlich). Kostgelder oder weitere Vergünstigungen werden dabei nicht erwähnt (vgl. BLAKE 1999, 146f.).

83 Zum Zollwesen vgl. FLOOR 2000, 47ff.

84 Vgl. zu den Berufsbezeichnungen vgl. WULFF 1966, 108.

dabei den Rechnungsbüchern zufolge drei Mahmudi pro Tag, ein Geselle (*ḥummūl*)[85] anderthalb Mahmudi und ein Lehrling (*šegerd*/*een jongen*) einen Mahmudi.[86] Für einen erwachsenen Handlanger (*opperman*), der die Ziegel trug oder den Mörtel anmischte, wird ein Tageslohn von einem Mahmudi und vier Qazbegi[87] und einem Mahmudi und sechs Qazbegi[88] angegeben. Die Entlohnung richtete sich dabei allgemein nach dem Lebensalter und der Schwere der Arbeit.[89] In Bandar ʿAbbās waren die Löhne deutlich niedriger als in Isfahan. Dort erhielt ein Maurermeister pro Tag 23 Qazbegi oder etwas über einen Mahmudi, während ein Geselle täglich einen halben Mahmudi verdiente.[90] In derselben Aufstellung findet sich auch der einzige Hinweis auf den Tageslohn eines Zimmermannsmeisters, der auf zwei Mahmudi pro Tag veranschlagt war.[91]

Für die übrigen Rechnungen gilt, dass Zimmerleute und Tischler[92] für gewöhnlich nicht tageweise, sondern jeweils für einen bestimmten Arbeitsauftrag eingestellt und entlohnt wurden. Fachliches Können und Zeitaufwand wurden dabei anscheinend als denen eines Maurermeisters gleichwertig erachtet. So erhielt ein Zimmermann für den Aufbau einer Waage im Packhaus[93] und die Anfertigung eines Torflügels[94] jeweils drei Mahmudi. Ungefähr der gleiche Betrag (dreieinhalb Mahmudi) wurde einem anderen für den Bau eines Kaninchenschlags ausgezahlt,[95] während für das Anfertigen eines Tisches[96] oder einer Transportkiste[97] jeweils zwei Mahmudi als Lohn berechnet wurden. Umfangreichere Arbeiten, wie der Bau eines Ge-

---

85 Vgl. WULFF 1966, 108.

86 NA Coll. Gel. de Jongh (1.10.30), 244, fol. 11v. u. fol. 13r. NA Coll. Gel. de Jongh (1.10.30), 246, fol. 3r. Nach CHARDIN 1811, Bd. 4, 94, wurde ein Meister stets von seinem Lehrling begleitet. Zu den persischsprachigen Bezeichnungen vgl. KEYVANI 1982, 89.

87 NA Coll. Gel. de Jongh (1.10.30), 244, fol. 11v.

88 NA Coll. Gel. de Jongh (1.10.30), 245, fol. 7r, 246, fol. 2v u. fol. 3r u. NA Coll. Gel. de Jongh (1.10.30), 246A, fol. 2v.

89 Vgl. CHARDIN 1811, Bd. 4, 94.

90 NA Coll. Gel. de Jongh (1.10.30), 244, fol. 5v.

91 NA Coll. Gel. de Jongh (1.10.30), 244, fol. 5v.

92 Zu den Tätigkeiten beider Handwerker, und den jeweiligen Spezialisierungen ihrer Arbeit vgl. WULFF 1966, 80–89, bes. 81.

93 NA Coll. Gel. de Jongh (1.10.30), 244, fol. 12v.

94 NA Coll. Gel. de Jongh (1.10.30), 244, fol. 12r.

95 NA Coll. Gel. de Jongh (1.10.30), 244, fol. 11v.

96 NA Coll. Gel. de Jongh (1.10.30), 244, fol. 11r.

97 NA Coll. Gel. de Jongh (1.10.30), 245, fol. 6v.

länders oder das Anfertigen von zwei Stühlen neben der Reparatur einer Tür, schlugen entsprechend mit elf Mahmudi[98] und zwei Qazbegi bzw. sieben Mahmudi[99] zu Buche. An anderer Stelle werden allerdings für die Reparatur einer Stalltür lediglich vier Qazbegi angegeben.[100]

Vergleichbares lässt sich über die Entlohnung der in Anspruch genommenen Dienste eines Hufschmieds (*na'l-band*) sagen, dessen Arbeit ebenfalls Geschick und Erfahrung verlangte.[101] Für das Beschlagen zweier Hufe ist dabei an einer Stelle der Betrag von 16 Qazbegi genannt,[102] während bei einer anderen Gelegenheit das Beschlagen von 14 Hufen einschließlich der Materialkosten für die Hufeisen ein Betrag von neun Mahmudi und 19 Qazbegi[103] angegeben wird, was pro Huf einer Summe von 14 Qazbegi entspricht. In anderen Abrechnungen bewegt sich der gezahlte Lohn pro Pferd zwischen einem Mahmudi und vier Qazbegi (einschließlich der Materialkosten)[104] und zwei Mahmudi,[105] wobei die Anzahl der erneuerten Eisen jedoch nicht genannt ist[106]. Dies bedeutete andererseits, dass ein Schmied mit dem in höchstens einem halben Tag zu erledigenden Beschlagen aller Hufe eines Pferdes soviel verdienen konnte wie ein Maurergeselle an einem ganzen Tag. Das gleichfalls gewöhnlich vom Hufschmied ausgeübte Setzen eines Aderlasses bei einem Pferd wurde mit zwei Mahmudi taxiert,[107] während

---

98 NA Coll. Gel. de Jongh (1.10.30), 245, fol. 5v.

99 NA Coll. Gel. de Jongh (1.10.30), 244, fol. 13r.

100 NA Coll. Gel. de Jongh (1.10.30), 245, fol. 7r.

101 Vgl. WULFF 1966, 53f.

102 NA Coll. Gel. de Jongh (1.10.30), 244A, fol. 5v. Der gleiche Betrag, jedoch ohne Angaben, wie viele Hufe erneuert wurden, findet sich auch an anderer Stelle (NA Coll. Gel. de Jongh (1.10.30), 244, fol. 4r).

103 NA Coll. Gel. de Jongh (1.10.30), 244, fol. 2v.

104 NA Coll. Gel. de Jongh (1.10.30), 244, fol. 12r.

105 NA Coll. Gel. de Jongh (1.10.30), 255, fol. 14r. An weiteren Beträgen werden drei Mahmudi und zwölf Qazbegi für das Beschlagen zweier Pferde, was einem Mahmudi und 16 Qazbegi pro Pferd, (NA Coll. Gel. de Jongh (1.10.30), 244, fol. 9r), und sechs Mahmudi und acht Qazbegi für vier Pferde, was einem Mahmudi und zwölf Qazbegi pro Pferd entspräche (NA Coll. Gel. de Jongh (1.10.30), 244, fol. 14r) sowie, einschließlich eines Aderlasses, 15 Mahmudi für das Beschlagen von acht Pferden und Mauleseln (NA Coll. Gel. de Jongh (1.10.30), 246, 3v).

106 Eine weitere Rechnung (NA Coll. Gel. de Jongh (1.10.30), 244, fol. 1v), in der für Hufeisen und Beschlagen von 15 Pferden 36 Mahmudi berechnet werden, kann in diesem Zusammenhang nicht einbezogen werden, da nicht klar hervorgeht, wie oft ein Schmied aufgesucht wurde und wie viele Eisen erneuert werden mussten.

107 NA Coll. Gel. de Jongh (1.10.30), 244, fol. 8v.

ihm ein repariertes Vorhängeschloss nur zehn Qazbegi[108] und das Anfertigen eines eisernen Pflocks zum Anbinden von Lastpferden gerade einmal zwei Qazbegi einbrachte[109]. Hatte er mehrere Tiere zu beschlagen, konnte ein Schmied mithin auf einen Schlag auf einen beachtlichen Verdienst kommen, wobei neben dem verbrauchten Eisen jedoch die (teuere) Kohle[110] als Kostenfaktor eingerechnet werden muss.

Löhne, die denen der Bauarbeiter entsprachen, wurden auch anderen Handwerkern wie den Schneidern[111] bezahlt, die vor dem Abtransport Transportkisten in Stoff einnähten, um diese vor der Witterung zu schützen, und für Übernachtungen auf dem Weg Matratzen reparierten. Für diese Tätigkeit sind in den Rechnungsbüchern zweimal eine pauschale Summe von drei[112] bzw. dreieinviertel[113] Mahmudi angegeben. Für das Einnähen von vier Kisten werden an anderer Stelle einmal achteinhalb Mahmudi,[114] ein andermal für acht Kisten 12 Mahmudi[115] angegeben, womit der der Lohn pro Kiste bei einem Mahmudi und zwei Qazbegi bzw. eineinhalb Mahmudi lag. Diese Zahlen stehen in deutlichem Kontrast zu den Löhnen, die für andere Näharbeiten gezahlt wurden. Für das Nähen eines Tischtuchs etwa wurde gewöhnlich ein Mahmudi berechnet,[116] für einen Geldsack gerade einmal ein Qazbegi.[117]

Neben den ausgebildeten Handwerkern (*honarvarān-e mahārat/pīš-ḫedmat*) standen als zweite Gruppe die der Unterschicht (*foġarā*) zugehörigen Tagelöhner und (als eine mögliche Untergruppe) die Lastträger.[118] Als

---

[108] NA Coll. Gel. de Jongh (1.10.30), 244, fol. 9v.

[109] NA Coll. Gel. de Jongh (1.10.30), 244, fol. 4r.

[110] Vgl. WULFF 1966, 50. Nach POLAK 1865, Bd. 1, 66, musste die Kohle aus Māzanderān bezogen werden, was zu Zeiten Geleynssen de Jonghs kaum anders gewesen sein dürfte.

[111] Dass in Iran Schneider neben der Herstellung von Kleidung auch alle anfallenden Näharbeiten übernahmen, berichtet CHARDIN 1811, Bd. 4, 146.

[112] NA Coll. Gel. de Jongh (1.10.30), 244, fol. 4v.

[113] NA Coll. Gel. de Jongh (1.10.30), 244, fol. 3v.

[114] NA Coll. Gel. de Jongh (1.10.30), 244, fol. 7r.

[115] NA Coll. Gel. de Jongh (1.10.30), 245, fol. 6v.

[116] NA Coll. Gel. de Jongh (1.10.30), 244, fol. 9v. u. NA Coll. Gel. de Jongh (1.10.30), 244A, fol. 6v.

[117] NA Coll. Gel. de Jongh (1.10.30), 244, fol. 5v.

[118] Diese werden üblicherweise als *hammael* bezeichnet (NA Coll. Gel. de Jongh (1.10.30), 244, fol. 10r–10v, NA Coll. Gel. de Jongh (1.10.30), 245, fol. 2r, 8r, 11r–12v, 14v), was indes auch die Bezeichnung für einen gelernten Bauarbeiter entsprach (vgl. WULFF 1966, 108). An anderen Stellen (244, fol. 2r, 9r, 11v) ist dagegen von „Arbeitern“ (*arbeijders*)

durchschnittlicher Tagesverdienst eines Arbeiters kann dabei der bereits erwähnte Lohn eines *opperman* von eineinfünftel Mahmudi angenommen werden. Zu diesem Gehalt will jedenfalls Claes Adriaens einen Tagelöhner angestellt haben, der dem Gärtner dabei behilflich sein sollte, nach den Wintermonaten den Garten des Logis wieder in Ordnung zu bringen.[119] Wie auch in anderen Fällen[120] hatte sich Geleynssen de Jongh geweigert, die entsprechenden Aufgaben auf das Konto der Compagnie zu setzen, aber nicht, weil ihm das Gehalt zu hoch, sondern weil ihm für diese Aufgabe die Anstellung einer zusätzlichen Hilfskraft als nicht gerechtfertigt erschien.[121] Aus dem Umstand, dass er an dem berechneten Tageslohn nichts auszusetzen hatte, lässt sich schließen, dass dieser als für den damaligen Arbeitsmarkt üblich gelten kann. Anders als in dem geschilderten Fall griff man bei der Gartenbestellung aber durchaus auf auswärtige Arbeitskräfte zurück, wenn während des Sommers die Beete bewässert und die Zisternen gefüllt werden mussten. Die dafür gezahlten Löhne müssen dabei unter dem genannten Tagesverdienst eines Arbeiters gelegen haben. Für das mehrmals (*dijverse mael*) erfolgte Wässern des Gartens sind zweieinhalb Mahmudi angegeben,[122] für das wiederholte Füllen der Zisternen vier Mahmudi und 14 Qazbegi.[123]

Den Rechnungsbüchern ist zu entnehmen, dass im Allgemeinen schwerere körperliche Arbeiten und niedere Dienstleistungen als Aufgabenbereich der Lastenträger galten, die daher in den Aufzeichnungen im Zusammenhang mit einer ganzen Reihe von Verrichtungen auftauchen. Wie viel ein Lastenträger dabei durchschnittlich pro Tag verdiente, lässt sich aus dem verfügbaren Material allerdings nur schwer ermitteln. Bei den Kostenaufstellungen für Arbeiten im Packhaus sind die Angaben gewöhnlich pauschal gehalten, wobei zwar das Gewicht der beförderten Waren und der als Lohn gezahlte Betrag genannt werden, nicht aber die Zahl der beschäftigten Träger.[124] In anderen Fällen scheint sich die Entlohnung nach der Zahl der be-

---

die Rede. Zur sozialen Schichtung Isfahans während der Safavidenzeit vgl. BLAKE 1999, 101.

[119] NA Coll. Gel. de Jongh (1.10.30), 244A, fol. 1r–2r.

[120] Vgl. FN 18.

[121] NA Coll. Gel. de Jongh (1.10.30), 244A, fol. 12v.

[122] NA Coll. Gel. de Jongh (1.10.30), 245, fol. 4v.

[123] NA Coll. Gel. de Jongh (1.10.30), 245, fol. 5r.

[124] NA Coll. Gel. de Jongh (1.10.30), 245, fol. 7r. (zwei Mahmudi und neun Qazbegi für fünf *cargen* oder ca. 430 kg. Seide), fol. 12r.(zwei Mahmudi und neun Qazbegi für dieselbe Menge) u. fol. 12v, (jeweils zehn bzw. zwölf Mahmudi).

förderten Kisten bemessen zu haben, wobei für das Tragen und Abwiegen einer großen Kiste drei Mahmudi, für eine kleine anderthalb Mahmudi berechnet wurden.[125] Dem entspricht an anderer Stelle die Notiz, dass mehrere Arbeiter für das Tragen einer Anzahl Packen zusammen einen Mahmudi erhalten hätten.[126] Den einzigen klaren Anhaltspunkt bietet eine Aufstellung, der zufolge für den Transport von Bandar ʿAbbās nach Isfahan 14 Trägern für das Verstauen von 78 Packen mit Textilien in den Lagerhäusern insgesamt zehn Mahmudi gezahlt wurde.[127] Dies ergäbe rechnerisch für jeden Träger ein Verdienst von etwa 14 Qazbegi. In Isfahan wurde einer nicht genannten Anzahl von Trägern für Arbeiten im Packhaus gleichfalls ein Betrag von zehn Mahmudi,[128] ein andermal für mehrmaliges Arbeiten im Lager die Summe von sieben Mahmudi und neun Qazbegi gezahlt.[129] Ein ähnliches Gehalt, nämlich sechseinhalb Mahmudi, erhielten die Lastträger dafür, dass sie 220 *man* Brennholz (umgerechnet 3260 kg) in die Niederlassung getragen hatten.[130] Diesem Verhältnis von Dienstleistung und Entgelt entsprechen andere in den Abrechnungen genannte Beträge: Für das Heraus- und wieder Zurücktragen von fünf *cargen* Seide (ca. 1050 kg oder elf bis 15 Ballen)[131] zum Abwiegen[132] werden einmal zwei Mahmudi und neun Qazbegi[133] angegeben, ein andermal für dieselbe Menge (einschließlich nicht näher bezeichneter Arbeiten im Packhaus) viereinhalb Mahmudi,[134] während für das Ausräumen und Reinigen des Packhauses einer ungenannten Zahl von Arbeitern

---

[125] NA Coll. Gel. de Jongh (1.10.30), NA Coll. Gel. de Jongh (1.10.30), 244, fol. 5r. Danach wurden beim Abwiegen der gelagerten Waren für das Wiegen wie für das her- und wieder Wegtragen drei Qazbegi für eine große und anderthalb Qazbegi für eine kleine, sowie ein Qazbegi für eine leere Kiste berechnet.

[126] NA Coll. Gel. de Jongh (1.10.30), 244, fol. 12v.

[127] NA Coll. Gel. de Jongh (1.10.30), 244, fol. 13v.

[128] NA Coll. Gel. de Jongh (1.10.30), 245, fol. 12v.

[129] NA Coll. Gel. de Jongh (1.10.30), 244, fol. 11v.

[130] NA Coll. Gel. de Jongh (1.10.30), 245, fol. 6v. Dem widerspricht eine Angabe an anderer Stelle (NA Coll. Gel. de Jongh (1.10.30), 244, 11r), derzufolge für das Tragen von 360 *man* dreieinhalb Mahmudi gezahlt worden sind.

[131] Vgl. MATTHEE 1999, 48f.

[132] Diese Praxis diente dazu, festzustellen, dass die Ballen das beim Einkauf der Seide ermittelte Gewicht behielten, um möglichen Diebstahl oder Betrug zu verhindern (vgl. dazu auch MATTHEE 1999, 48f.).

[133] NA Coll. Gel. de Jongh (1.10.30), 245, fol. 7r.

[134] NA Coll. Gel. de Jongh (1.10.30), 245, fol. 12r.

drei Mahmudi gezahlt wurden[135]. Bei allen diesen Verrichtungen dürften die beschäftigten Träger, rechnet man die Beträge um, höchstens einen Mahmudi, vermutlich aber erheblich weniger verdient haben. Einen solchen Schluss lassen auch die anderen Zahlen zu. Für das Tragen von 39 *man* (ca. 230 kg) Trockengemüse in die Speisekammer des Kontors erhielten mehrere Lastträger zwölf Qazbegi,[136] für andere, nicht näher bestimmte kleinere Verrichtungen (*voor iets te doen*) zahlte die Compagnie einem einzelnen Arbeiter einmal jeweils einen halben Mahmudi,[137] ein andermal sechs Qazbegi.[138]

Ein Lastenträger musste mithin davon ausgehen, dass ihm für jedes beförderte Stückgut (wie dies die oben erwähnten Beträge pro Kiste nahe legen) ein geringer Betrag von wenigen Qazbegi gezahlt würde; andererseits konnte er so, wenn er an einem Tag mehrere Lasten beförderte, auf den bereits erwähnten Tagesverdienst von 14–15 Qazbegi kommen. Tätigkeiten, die längere Zeit in Anspruch nahmen oder dringend benötigt wurden, versprachen eine deutlich bessere Bezahlung. Für das Reinigen einer Zisterne etwa lag die Entlohnung bei ungefähr eineinhalb,[139] in einem Fall sogar bei drei Mahmudi.[140] Für das Hacken einer nicht näher bemessenen Menge Brennholz erhielt ein Arbeiter einen Mahmudi,[141] während im Winter neun Lastenträgern dafür, dass sie das Dach der Niederlassung vom Schnee freischaufelten, für die Arbeit eines Tages sogar zwei Mahmudi pro Mann ausbezahlt bekamen.[142] Insgesamt jedoch bleibt festzuhalten, dass ein Lastenträger mit seinem täglichen Einkommen, und bei einer Tätigkeit, die mit einer hohen körperlichen Belastung verbunden war, deutlich schlechter als ein gelernter Handwerker gestellt war.

Während die Niederländer sich bei den meisten in ihrer Niederlassung anfallenden Arbeiten an einheimische Handwerker und deren Gehilfen

---

135 NA Coll. Gel. de Jongh (1.10.30), 245, fol. 12r.

136 NA Coll. Gel. de Jongh (1.10.30), 244, fol. 10r.

137 NA Coll. Gel. de Jongh (1.10.30), 245, fol. 11r.

138 NA Coll. Gel. de Jongh (1.10.30), 245, fol. 11v.

139 NA Coll. Gel. de Jongh (1.10.30), 245, fol. 4v (viereinhalb Mahmudi für drei Zisternen), fol. 5r (zwei Mahmudi und 14 Qazbegi für zwei Zisternen).

140 NA Coll. Gel. de Jongh (1.10.30), 245, fol. 3v. In Schiraz lagen die Löhne offensichtlich niedriger, da dort für dieselbe Arbeit ein Mahmudi veranschlagt wurde (NA Coll. Gel. de Jongh (1.10.30), 244, fol. 2r.).

141 NA Coll. Gel. de Jongh (1.10.30), 245, fol. 6v.

142 NA Coll. Gel. de Jongh (1.10.30), 244A, fol. 2r. Dies war allerdings eine dringend notwendige Arbeit, durch die verhindert werden sollte, dass einsickerndes Schmelzwasser das Dach zerstörte (vgl. WULFF 1966, 114, FRYER 1698, 336 u. THEVENOT 1674, 159.

wandten, gab es andererseits Bereiche, bei denen die VOC auf hoch qualifizierte Fachleute zurückgreifen musste, die ein überdurchschnittliches Gehalt fordern konnten. Zu diesen Spezialisten zählten beispielsweise die professionellen Schreiber (*kātebhā* oder *ḫaṭṭāṭhā*),[143] die für die Compagnie bei den diplomatischen Verhandlungen mit dem Hof den gesamten Schriftverkehr besorgten, wozu auch die sachgerechte Interpretation und das Kopieren von *firmanen* für die Unterlagen des Kontors gehörten.[144] Für diese Tätigkeiten, die gleichermaßen eine gründliche Kenntnis der Kanzleisprache wie auch eine Ausbildung in Kalligraphie erforderten, wurden den Schreibern, mitunter Geistlichen[145], für die diese Betätigung einen Neben- oder möglicherweise auch Haupterwerb darstellte,[146] Löhne gezahlt, die durchaus dem Wochenlohn eines Handwerkers entsprechen konnten.[147] Während für das Lesen von Dokumenten[148] oder das Verfassen von Geschäftsbriefen[149] oder Dankesschreiben[150] das Gehalt zwischen zwei und vier Mahmudi lag, erhielt ein Schreiber etwa für das Kopieren königlicher *firmane* zwischen zwölf Mahmudi (ungenannte Zahl von Kopien)[151] und 25 Mahmudi (mindestens acht Kopien)[152] sowie für das Verfassen von an den Hof gerichteten Briefen und Gesuchen zwischen zehn Mahmudi[153] und 16 Mahmudi.[154] Ein Schreiber in Qazvīn, dessen Dienste man für den Antrittsbesuch bei ʿAbbās II. in Anspruch genommen hatte, erhielt für das Lesen offizieller Schreiben, das

[143] Erstere waren für die üblichen Kanzleiarbeiten, letztere für das Abfassen ˋfeierlicher Schriftstücke´ zuständig (vgl. FEKETE 1977, 21).

[144] In den erwähnten Fällen wurden das Lesen (NA Coll. Gel. de Jongh (1.10.30), 245, fol. 8r, NA Coll. Gel. de Jongh (1.10.30), 245, fol. 12v.) und das Kopieren von Dokumenten (NA Coll. Gel. de Jongh (1.10.30), 244, fol. 12v; NA Coll. Gel. de Jongh (1.10.30), 245, 12v) jeweils als eigenständige Dienstleistungen angeführt.

[145] In den Abrechnungen wird als Gehaltsempfänger wiederholt ein *mollah* angegeben (NA Coll. Gel. de Jongh (1.10.30), 244, fol. 9r u. 245, fol. 12v).

[146] Vgl. BLAIR 2006, 428.

[147] Offen bleibt, ob lediglich das blosse, in der dafür üblicherweise verwendeten *šekasteh*-Schrift rasch zu besorgende Niederschreiben oder auch die notwendige und zeitaufwendige Vorbereitung und die künstlerische Gestaltung des Briefpapiers vergütet wurde (vgl. BLAIR 2006, 440f.).

[148] NA Coll. Gel. de Jongh (1.10.30), 245, fol. 8r.

[149] NA Coll. Gel. de Jongh (1.10.30), 245, fol. 8r.

[150] NA Coll. Gel. de Jongh (1.10.30), 245, fol. 8r.

[151] NA Coll. Gel. de Jongh (1.10.30), 245, fol. 12v.

[152] NA Coll. Gel. de Jongh (1.10.30), 244, fol. 12v.

[153] NA Coll. Gel. de Jongh (1.10.30), 245, fol 8r.

[154] NA Coll. Gel. de Jongh (1.10.30), 245, fol. 8r.

Verfassen von Briefen und Gesuchen sowie für das ihm für die letztere Arbeit zur Verfügung gestellte, für diese Art von Korrespondenz verwendete wesentlich feinere Papier, insgesamt 30 Mahmudi als Besoldung.[155] Ebenso übergab man die Rechnungsbücher der Niederlassung für die Übersendung nach Batavia einem Buchbinder. Da es sich auch in diesem Fall um einen hoch bezahlten Spezialisten handelte,[156] führte dies abermals zu erheblichen Lohn- und Materialkosten; so wurden einmal für das Binden von vier Büchern 15 Mahmudi,[157] bei anderen Gelegenheiten 21 Mahmudi für drei[158] und 30 Mahmudi für sechs Bücher[159] verzeichnet.

Eine andere Gruppe, die in den Rechnungen aufgeführt wird, waren die in mehreren Fällen konsultierten Ärzte, deren Gehälter die in anderen Berufszweigen erheblich überschritten. Tierärzte scheinen dabei im Hinblick auf ihre Qualifikation und ihr Ansehen unter den regulären Medizinern gestanden zu haben (worauf an einer Stelle die Bezeichnung als „docktoor of medicijn meester“[160] hinweist). Für die Behandlung von jeweils zwei Pferden, einschließlich der Kosten für die benötigte Medizin, wird einmal vier Mahmudi und elf Qazbegi,[161] in einem anderen Fall 18½ Mahmudi in Rechnung gestellt.[162]

Von diesen Honoraren unterschieden sich die an reguläre Ärzte gezahlten Beträge ganz erheblich, wobei anzumerken ist, dass ein Mediziner vorrangig bei ernsten Fällen herangezogen wurde. Ein einheimischer Arzt erhielt beispielsweise ein Honorar von 30 Mahmudi für die Behandlung des Dolmetschers, der von einem Skorpion gestochen worden war,[163] während an einen englischen Schiffsarzt, der in Bandar ʿAbbās den nach einem unglücklichen Sturz gebrochenen Arm eines Soldaten behandelt hatte, als Honorar 50 Mahmudi entrichtet wurden.[164]

Eine letzte, noch zu nennende Gruppe von besonders qualifizierten und für die VOC unentbehrlichen Arbeitern stellten schließlich noch die Kamel-

[155] NA Coll. Gel. de Jongh (1.10.30), 245, fol. 12v.
[156] Vgl. WULFF 1966, 237.
[157] NA Coll. Gel. de Jongh (1.10.30), 244, fol. 3v.
[158] NA Coll. Gel. de Jongh (1.10.30), 245, fol. 14v.
[159] NA Coll. Gel. de Jongh (1.10.30), 244, fol. 3r.
[160] NA Coll. Gel. de Jongh (1.10.30), 244, fol. 2v.
[161] NA Coll. Gel. de Jongh (1.10.30), 244, fol. 11r.
[162] NA Coll. Gel. de Jongh (1.10.30), 244, fol. 2v.
[163] NA Coll. Gel. de Jongh (1.10.30), 245, fol. 8r.
[164] NA Coll. Gel. de Jongh (1.10.30), 244, fol. 5r.

und Eselstreiber dar, auf deren Entlohnung im Zusammenhang mit den Reise- und Transportkosten noch näher eingegangen werden soll.

Kaum etwas verraten die Aufzeichnungen über die Gehälter von Staatsbediensteten, die im Gegensatz zu den Handwerkern in der glücklichen Lage waren, vom Hof ein reguläres Jahresgehalt gezahlt zu bekommen, dank dessen sie einen gehobenen Lebensstil pflegen konnten.[165] In direkten Kontakt zu Amtsdienern und königlichen Beamten[166] kamen die Angestellten der Compagnie gewöhnlich beim Transport ihrer Handelswaren, die in den größeren Städten im Zollhaus und auf dem Weg in den Mautstationen verzollt werden mussten. Neben dem Abwiegen zur Ermittlung des Gesamtgewichts, für das für das Zollhaus in Lār ein Betrag von drei Qazbegi pro Waagschale angegeben wird,[167] wurde dem Zollmeister und seinen Untergebenen ein obligatorisches Trinkgeld für die zügige und korrekte Abwicklung der Formalitäten gezahlt. Aus Lār werden dabei ein Wiegelohn von fünf Mahmudi und 16 Qazbegi,[168] ein Geldgeschenk von zehn Mahmudi an den Waagemeister[169] und für dessen Gehilfen ein Trinkgeld von einem Mahmudi und acht Qazbegi[170] angegeben. Mit einem Geldgeschenk wurde an den Zollstationen auch die Besorgung von Reiseproviant vergütet.[171] Zu den Verwaltungsgebühren kann ferner noch das Siegeln königlicher *firmane* gezählt werden, für das an einer Stelle ein Betrag von vier Mahmudi angeführt wird.[172]

Ein Trinkgeld, dessen Betrag wohl je nach Ort unterschiedlich bemessen war (drei Mahmudi in Lār,[173] vier in Schiraz[174] und sechs Mahmudi in Isfahan[175]), war auch dem Diener des Stadthauptmanns (*dārūġeh*) zu entrichten,

---

[165] Vgl. FRYER 1698, 340.

[166] Namentlich genannt werden von Geleynssen de Jongh in einer Abrechnung neben dem Gouverneur von Lāristān und dessen Stallmeister (*mehtar*), der *dārūġeh* (Polizeimeister) von Lār sowie die Vorsteher der Zollstationen in Lār, Čāh Talḫ, Muḫak, Māhīn, Qūmīše und Eṣfahānak (NA Coll. Gel. de Jongh (1.10.30), 246, fol. 4r).

[167] NA Coll. Gel. de Jongh (1.10.30), 244, fol. 5v.

[168] NA Coll. Gel. de Jongh (1.10.30), 244, fol. 14v.

[169] NA Coll. Gel. de Jongh (1.10.30), 244, fol. 13v.

[170] NA Coll. Gel. de Jongh (1.10.30), 244, fol. 14v.

[171] NA Coll. Gel. de Jongh (1.10.30), 246, fol. 4r. Vgl. dazu auch FRYER 1698, 223.

[172] NA Coll. Gel. de Jongh (1.10.30), 244, fol. 13r.

[173] NA Coll. Gel. de Jongh (1.10.30), 244, fol. 6r.

[174] NA Coll. Gel. de Jongh (1.10.30), 244, fol. 7v.

[175] NA Coll. Gel. de Jongh (1.10.30), 244, fol. 7v.

wenn er einer Karawane die Erlaubnis zur Weiterreise erteilen sollte[176]. Eine ansehnliche Belohnung konnten die Diener des *dārūġeh* ferner für die Erfüllung ihrer polizeilichen Aufgaben erwarten. Für das Auffinden von Kupfergeschirr, das einer der (mit seiner Entlohnung vielleicht unzufriedenen) indischen Barbiere aus dem Kontor entwendet hatte, erhielten die zuständigen Polizeidiener acht Mahmudi als Belohnung.[177] Ein Nachtwächter, der körperlichen Einsatz gezeigt hatte, indem er nach einem Einbruch in das Logis den Täter gestellt und das Diebesgut wiederbeschafft hatte, wurde mit 16 Mahmudi belohnt.[178]

Ganz allgemein spielten Geldgeschenke, die sowohl Ausdruck von Respekt und Wertschätzung als auch Anerkennung erwiesener Dienstleistungen waren, in den Beziehungen der VOC mit einheimischen Würdenträgern und deren Untergebenen eine wichtige Rolle.[179] Wurden mit ihrer Hilfe, wie oben geschildert, die alltäglichen Geschäfte der Compagnie geregelt und befördert, so waren sie von wesentlicher Bedeutung bei den direkten Verhandlungen der Niederländer über Menge und Preis der von der Krone als Monopolist zu beziehenden Rohseide.[180] Über die umfangreichen Geschenke in Form von Stoffen, Brokaten und Golddukaten im Wert von insgesamt 10.700 Gulden (oder umgerechnet 21.400 Mahmudi), die er im November 1642 anlässlich von dessen Herrschaftsantritt an Schah ʿAbbās II., wichtige Würdenträger bei Hofe und deren Dienerschaft vergeteilt hatte, hat Geleynssen de Jongh in einem Rechnungsbuch selbst eine genaue Aufstellung vorgelegt.[181] Daneben hatte er zu diesem Anlass den Hofbediensteten, die ihm im Auftrag des neuen Schahs Geschenke überbracht hatten, ebenso wie dem Geistlichen, der das dazugehörige Begleitschreiben verfasst hatte,

---

[176] Dies war der Fall in Schiraz, vgl. NA Coll. Gel. de Jongh (1.10.30), 244, fol. 6r. THEVENOT berichtet, dass er als Privatreisender ebenfalls an jeder Zollstation den Beamten einige Qazbegi zu entrichten hatte (vgl. THEVENOT 1674, 297).

[177] NA Coll. Gel. de Jongh (1.10.30), 244, fol. 13r. Zu Amt und Aufgabenbereich des *dārūġeh* in der Safavidenzeit vgl. besonders KEYVANI 1982, 70f.

[178] NA Coll. Gel. de Jongh (1.10.30), 244, fol. 7r.

[179] Vgl. MATTHEE 2004, 37–41. Aus Syrien wusste im 17. Jahrhundert der englische Reisende Henry Mandrell zu berichten dass „it is counted uncivil to visit in this country without an offering in hand. All great men expect it as a kind of tribute doe to their character and authority, and look themselves as affronted, and indeed defrauded, when this compliment is omitted" (zit. nach GREHAN 2007, 178).

[180] Zum Seidenhandel in der Safavidenzeit vgl. FLOOR 2000, 172–175 u. MATTHEE 1999, passim.

[181] NA Coll. Gel. de Jongh (1.10.30), 245, fol. 9r–10r.

Geldgeschenke im Umfang von elf Mahmudi überreichen lassen.[182] Ein gutes Jahr zuvor hatte Geleynssen de Jongh während seines Aufenthaltes in Isfahan den königlichen Boten, die wohl Botschaften vom Hof in die Niederlassung überbracht hatten, „nach Landessitte" (*naer costume van den lande*) zwölf Mahmudi aushändigen lassen.[183] Auf diese Weise konnten Bedienstete am Hof mithin einige Mahmudi, also möglicherweise den Tageslohn eines Handwerksmeisters, gewinnen, wobei der finanzielle Wert solcher Geschenke anscheinend mit der zunehmenden Nähe des Beschenkten zu seinem Herrn, und noch einmal mit der Stellung, die dieser in der höfischen Hierarchie innehatte, zunahm. So empfingen die Diener des obersten Ministers (*eʿtemādoʾ d-douleh*) zusammen 17 Mahmudi[184] und die Pförtner des Schatzmeisters (*nāẓer*) 15 Mahmudi[185]. Als Angehörige des Haushalts erhielten darüber hinaus der Gärtner des *eʿtemādoʾ d-douleh* mit sechs Mahmudi[186] und der des Schah mit acht Mahmudi[187] als Geschenk. Nur spekulieren kann man, ob dabei nicht nur der Respekt vor deren Dienstherren und die Hoffnung auf fernere Gunstbezeugungen oder auch erwiesene Freundlichkeiten eine Rolle spielten, sondern dadurch auch konkrete Dienstleistungen (etwa die Weitergabe vertraulicher Informationen) vergütet wurden.

Nicht zuletzt bescherte die Praxis, mit Geschenken bisherige treue Dienste zu entlohnen und sich diese Loyalität auch für die Zukunft zu sichern, auch den einheimischen Bedienten der VOC in der Isfahaner Niederlassung wie auch in den kleineren Kontoren auf der Strecke von Bandar ʿAbbās nach Isfahan einen zusätzlichen Verdienst. Den Rechnungsbüchern zufolge wurde den Dienern in Isfahan acht Mahmudi (also pro Mann zwei Mahmudi),[188] den Hausverwaltern in Schiraz und Lār (im letzteren Fall eine Frau) bei der Abreise je nach Stellung zwischen einem[189] und vier Mahmudi[190] übergeben.

[182] NA Coll. Gel. de Jongh (1.10.30), 245, fol. 8r.
[183] NA Coll. Gel. de Jongh (1.10.30), 244, fol. 7r.
[184] NA Coll. Gel. de Jongh (1.10.30), 244, fol. 7r.
[185] NA Coll. Gel. de Jongh (1.10.30), 244, fol. 7r.
[186] NA Coll. Gel. de Jongh (1.10.30), 244, fol. 7r.
[187] NA Coll. Gel. de Jongh (1.10.30), 244, fol. 7r.
[188] NA Coll. Gel. de Jongh (1.10.30), 244, fol. 7r.
[189] Gezahlt an den Diener in Lār (245, fol. 4r). Bei einer anderen Gelegenheit erhielt dieser drei Mahmudi gezahlt (244, fol. 6r); dem armenischen Diener des Kontors in Schiraz wurden zwei Mahmudi verehrt (246, fol. 4r).

Erwähnt sei schließlich noch, dass Geleynssen de Jongh bei seiner Abreise aus Bandar ʿAbbās den Angestellten der englischen Faktorei gleichfalls ein Geldgeschenk von 12 Mahmudi machen ließ,[191] wobei die Gründe wohl dieselben wie bei den Untergebenen der einheimischen Würdenträger gewesen sein dürften.

Zusammenfassend lässt sich zunächst einmal feststellen, dass sowohl unter den Angestellten der VOC als auch innerhalb der iranischen Gesellschaft für die 1640er Jahre die Stellung in der sozialen Hierarchie ganz wesentlich vom empfangenen Gehalt, und damit der Fähigkeit, Geld verteilen und dadurch Einfluss zu gewinnen, bestimmt war. Mit dem bei VAN DAM angegebenen Monatsgehalt von 180 Gulden oder umgerechnet zwölf Mahmudi pro Tag, nahm der niederländische *directeur* in Iran innerhalb des Personals der VOC in Asien bereits eine recht ansehnliche Position ein,[192] während der als sein *seconde* eingesetzte Kaufmann mit umgerechnet sechs Mahmudi und 13 Qazbegi gerade einmal gut die Hälfte dieses Betrags als Tageseinkommen erhielt. Vergleichbare Einkommen lassen sich auf iranischer Seite bestenfalls für Ärzte und Kanzlisten feststellen. Eine stärkere Annäherung zwischen den Gehältern von Compagniebediensteten und Einheimischen lässt sich auf der mittleren und niederen sozialen Ebene beobachten. Ein Handwerksmeister verdiente im Monat 75 Mahmudi, was ungefähr dem Gehalt eines *onderkoopmans* (80 Gulden) entsprach; ein Geselle erhielt mit 37 Mahmudi in etwa soviel wie ein Assistent (max. 48 Mahmudi) und ein *opperman* mit 36 Mahmudi etwas mehr als ein Kurier oder Pferdeknecht in niederländischen Diensten. Auf der untersten Gehaltsstufe standen schließlich, mit einem durchschnittlichen Monatslohn von 20 Mahmudi (oder 14 Qazbegi täglich), einfache Bedienstete der Compagnie und einheimische Tagelöhner. Im Hinblick auf sein Gehalt war damit ein iranischer Handwerksmeister oder -geselle (zumindest in der Hauptstadt) auf den ersten

---

190 NA Coll. Gel. de Jongh (1.10.30), 244, fol. 6r; NA Coll. Gel. de Jongh (1.10.30), 246, fol. 4r.

191 NA Coll. Gel. de Jongh (1.10.30), 244, fol. 7r.

192 Der Gouverneur von Ceylon (Sri Lanka), einer der wichtigsten Besitzungen der VOC in Asien, erhielt nach VAN DAM ein monatliches Gehalt von 200 Gulden (STAPEL 1927–43, Bd. I,1, 236 u. 257), die Leiter der Niederlassungen in Gujarat und Bengalen ebenfalls 180 Gulden (STAPEL 1927–43, Bd. I,1, 233, 241 u. 257). Im Vergleich dazu erhielt der Generalgouverneur von Niederländisch-Indien im Monat 1200 Gulden, die ordentlichen Mitglieder des Indienrates (des höchsten Entscheidungsgremiums) monatlich 350 Gulden (STAPEL 1927–43, Bd. I,1, 249).

Blick einem in Asien tätigen Europäer gleich- oder sogar ein wenig besser gestellt. Allerdings konnten, im Gegensatz zu ihren Kollegen in Diensten der VOC, Handwerker und Tagelöhner nicht von einem regelmäßigen Gehalt ausgehen, sondern waren bei ihrem tatsächlichen Einkommen von der Auftragslage abhängig, die sich, etwa für einen Maurer, je nach Witterung und Jahreszeit sehr unterschiedlich gestalten konnte.[193] Bei den scheinbar niedrigeren Gehältern der VOC-Angestellten kam ferner als fester zusätzlicher Posten noch das tägliche Kostgeld hinzu, das selbst bei einem einfachen Bediensteten im Monat eine Summe von 15 Mahmudi ausmachte – was bedeutete, dass der iranische Arbeiter von seinem monatlichen Einkommen noch einmal einen entsprechenden Betrag für seinen täglichen Lebensunterhalt abziehen musste. Die in den Rechnungsbüchern wiederholt genannten Geldgeschenke dürften daher für ihre Empfänger nicht bloß ein willkommenes Trinkgeld, sondern auch ein ganz wesentliches Zusatzeinkommen dargestellt haben.

Zusätzlich zu den Ausgaben für Lebensmittel kamen noch diejenigen für Kleidung, Licht, Heizung (im Winter ebenfalls ein wichtiger Kostenfaktor) und anfallende Reparaturen an Haus und Gerät hinzu. Zusätzliche Belastungen stellten überdies die zu zahlenden Steuern[194] oder bei einigen Berufen auch die jährlich für die Krone zu leistenden unbezahlten Arbeitstage (*bīgārī*) dar.[195] Selbst beim immer noch ansehnlichen Einkommen eines Maurermeisters erscheint es daher fraglich, ob der erwirtschaftete Lohn wirklich die Lebenshaltungskosten zu decken vermochte. Günstiger gestaltete sich die Lage für Handwerker in den königlichen Werkstätten, deren Entlohnung neben dem gezahlten Gehalt auch die kostenlose Belieferung mit Lebensmitteln und Brennholz umfasste.[196] Die in den Rechnungen erwähnten, exorbitant erscheinenden Arztkosten verweisen überdies darauf, dass ein gesicherter Lebensunterhalt zudem stark von der eigenen Gesundheit und Arbeitsfähigkeit abhängig war. Sollten die in den Rechnungen verzeichneten Honorare tatsächlich die seinerzeit üblichen Kosten einer ärztlichen Behandlung dargestellt haben, muss (aufgrund der Kosten wie auch im Hinblick auf

[193] Zur Bedeutung von Wetter und Tageslicht für die vorindustrielle Arbeit vgl ROCHE 2000, 109.

[194] Erste Angaben zu diesem bisher noch wenig erforschten Bereich liefert KEYVANI 1982, 101–111.

[195] Vgl. KEYVANI 1982, 106.

[196] Vgl. HINZ 1940, 122 u. 125.

den so entstandenen Verdienstausfall) ein Arbeitsunfall für einen Handwerksmeister zumindest einen schweren Schlag, für einen einfachen Arbeiter hingegen eine existenzbedrohende Katastrophe dargestellt haben.

3. Die Lebensmittel und ihre Preise

Das mehrfach erwähnte, an die einfachen Bedienten der VOC gezahlte tägliche Kostgeld von einem halben Mahmudi oder zehn Qazbegi kann einen ersten Anhaltspunkt über die Lebenshaltungskosten, und damit über die mit den im vorhergehenden Kapitel angeführten Löhnen verbundene Kaufkraft und den eigentlichen Wert des Geldes geben. Die aussagekräftigsten Informationen können in dieser Hinsicht die Lebensmittelpreise geben, nicht zuletzt, weil Nahrungsmittel immer wieder frisch eingekauft werden mussten und den größten Anteil bei den laufenden Ausgaben einnahmen.[197]

Hinsichtlich der entsprechenden Angaben in den Rechnungsbüchern ergibt sich dabei zunächst ein etwas paradoxer Umstand. Während diese hinsichtlich der Einkommen zwar umfassend über die in Isfahan gezahlten Löhne unterrichten, aber für das Einkommensniveau in anderen Teilen Irans nur sehr spärliche Angaben liefern, besteht das größte Problem bei der Berechnung der Ausgaben für Nahrungsmittel darin, dass die einzige Quelle Wollebrand Geleynssen de Jonghs Abrechnung über die während einer Reise von Bandar ʿAbbās nach Isfahan angefallenen Ausgaben[198] darstellt. Aus diesen Aufzeichnungen sind wir also recht gut über die Lebensmittelpreise in der Provinz unterrichtet, während die Rechnungen jedoch so gut wie keine Auskunft über die Preise in Isfahan geben. Geleynssen de Jonghs Reisekostenabrechnung ist zudem als Referenz zur Ermittlung eines allgemeinen Preisniveaus nur bedingt geeignet, da er zwar alle eingekauften Lebensmittel akribisch verzeichnete, aber nur bei Brot, Reis, Datteln, Fleisch und Butter bei den jeweiligen Einkäufen deren Menge und Gewicht angab. Finden sich dazu genauere Angaben, werden diese in *man* berechnet, wobei nicht erläutert wird, ob es sich dabei um das *man-e šāhī* von umgerechnet zwölf holländischen (Amsterdamer) Pfund (5,89 kg)[199] oder um das nur halb so schwere *man-e Tabrīzī*[200] handelte. Angaben in den offiziellen Bilanzen[201]

[197] Vgl. zu dieser Frage allgemein Grehan 2007, 232.
[198] NA Coll. Gel. de Jongh (1.10.30), 246, fol. 1r–4r.
[199] Vgl. Matthee 1999, 249.
[200] Vgl. Matthee 1999, 249 u. Hinz 1970, 19.

lassen indes den Schluss zu, dass die maßgebliche Einheit das *man-e šāhī* gewesen sein dürfte. Nicht ganz klar ist schließlich auch, für wie viele Personen die genannten Lebensmittel eingekauft werden. In einer Aufstellung über im Zeitraum der Reise gezahlte Löhne werden namentlich die beiden Diener Geleynssen de Jonghs und des *onderkoopmans* Gillis van Dulcken[202] sowie an anderer Stelle[203] ein Pferdeknecht genannt; es ist also von einer Reisegesellschaft von vier bis fünf Personen auszugehen, was einen Anhaltspunkt für den Tagesbedarf an Nahrungsmitteln zu geben vermag. Über das Angebot an Lebensmitteln und die jeweiligen Preise lassen sich anhand von Geleynssens Aufstellung die folgenden Aussagen machen.

Brot aus Weizenmehl bildete in der täglichen Ernährung das Grundnahrungsmittel, das von der Reisegesellschaft auf nahezu allen Rastplätzen eingekauft wurde. Der Einkaufspreis variierte dabei von Ort zu Ort stark. In Kourestān (der ersten Station hinter Bandar ʿAbbās) war ein *man* Brot für umgerechnet neun Qazbegi zu haben,[204] in den nächsten beiden passierten Orten, in Tang-e Dālān und Hormoz, kostete das *man* hingegen 14 bzw. zwölf Qazbegi,[205] während der Preis für dieselbe Menge in Lār, der nächsten größeren Stadt, zehn Qazbegi betrug[206]. Auf dem Weg zwischen Lār und Schiraz zahlte man für das *man* Brot an einem Ort einen,[207] in Schiraz selbst jedoch für eine unbestimmte Menge zehn Mahmudi[208]. Für die anderen Rastplätze werden Beträge zwischen fünf Qazbegi[209] und 17 Qazbegi[210] genannt, wobei gleichfalls keine Angaben zur eingekauften Menge gemacht werden. Auch über die Qualität des eingekauften Brots (die je nach Preis und Sorte sehr verschieden sein konnte)[211] finden sich nirgends nähere Angaben. Aus den Preisen, die bei einer angegebenen Einkaufsmenge genannt werden, und den Beträgen, die für die übrigen Rastplätzen gemacht werden (in den

201 NA VOC (1.04.02), 1144, fol. 489v.
202 NA Coll. Gel. de Jongh (1.10.30), 246, fol. 4v.
203 NA Coll. Gel. de Jongh (1.10.30), 246, fol. 3v.
204 NA Coll. Gel. de Jongh (1.10.30), 246, fol. 1r.
205 NA Coll. Gel. de Jongh (1.10.30), 246, fol. 1r.
206 NA Coll. Gel. de Jongh (1.10.30), 246, fol. 1r.
207 NA Coll. Gel. de Jongh (1.10.30), 246, fol. 1v.
208 NA Coll. Gel. de Jongh (1.10.30), 246, fol. 2r (Ǧahrom).
209 NA Coll. Gel. de Jongh (1.10.30), 236, fol. 1v (Muẓaffarī/Lār).
210 NA Coll. Gel. de Jongh (1.10.30), 246, fol. 2v (Āsopās).
211 Vgl. THEVENOT 1674, 181. Ebenso berichtet THEVENOT dass während des Aufenthalts an einer Zollstation die dort angebotene Mahlzeit aus Brot, Buttermilch, Butter und Eiern bestand (vgl. THEVENOT 1674, 125).

letzen fünf Stationen vor Isfahan zwischen zehn und 13 Mahmudi),[212] kann letztlich auf einen Durchschnittspreis von zehn bis zwölf Mahmudi pro *man* geschlossen werden.

Reis, den OLEARIUS noch vor dem Brot als das Grundnahrungsmittel in Iran beschreibt,[213] wurde während der Reise ebenfalls an mehreren Orten eingekauft.[214] Dass dies während der gesamten Reise allerdings nur selten und in recht geringer Menge (gewöhnlich ein halbes *man*) geschah, lässt darauf schließen, dass Reis offenkundig nicht überall erhältlich war und als ein Produkt, das aus dem kaspischen Raum importiert werden musste, auch deutlich teurer war. Als Preis wurde für das halbe *man* zwischen 16 Qazbegi[215] und einem Mahmudi genannt.[216]

Bei den weiteren, auf dem Weg eingekauften Lebensmitteln nahmen Milchprodukte eine wichtige Stellung ein, die vermutlich aus Schafs- oder Ziegenmilch[217] hergestellt waren. Butter war dabei anscheinend ein wichtiger Bestandteil der täglichen Ernährung und wurde beinahe in jedem Ort eingekauft,[218] wobei neben der \`gewöhnlichen´ frisch zubereitete[219] und ausgelassene Butter (also eine Art Kochfett)[220] genannt werden. Während an einigen Orten nur geringe Mengen erworben wurden (möglicherweise, weil dort nicht mehr zu bekommen war), wie sich aus den angegebenen Einkaufspreisen von wenigen Qazbegi[221] schließen lässt, wurden andernorts ein viertel bis drei achtel *man*, also zwischen 1,5 und 2,2 kg eingekauft.[222] Be-

---

212 NA Coll. Gel. de Jongh (1.10.30), 246, fol. 2v.

213 Vgl. OLEARIUS 1656, 595f. Vgl. auch CHARDIN 1811, Bd. 4, 225f.

214 In Lār, Dehkūh, Manṣūrābād, Muẓaffarī, Yazdeḫvāst und Mahyār (246, fol. 1r–2v).

215 NA Coll. Gel. de Jongh (1.10.30), 246, fol. 2v.

216 NA Coll. Gel. de Jongh (1.10.30), 246, fol. 1r.

217 Vgl. THEVENOT 1674, 181.

218 Vergleichbares berichtet auch THEVENOT, der auf seiner Reise “beurre et des autres provisions” einkaufte (vgl. THEVENOT 1674, 137).

219 NA Coll. Gel. de Jongh (1.10.30), 246, fol. 1r, fol. 1v, fol. 2r u. fol. 2v. FRYER erwähnt Butter und Joghurt, die man vor Ort frisch zubereitet von den Landfrauen gekauft habe (vgl. FRYER 1698, 234).

220 NA Coll. Gel. de Jongh (1.10.30), 246, fol. 1r u. fol. 2v. Ausgelassene Butter (*samn*) wurde auch im damaligen Syrien zum Kochen verwendet (vgl. GREHAN 2007, 104f.).

221 So in Kūlār und Māhīn (NA Coll. Gel. de Jongh (1.10.30), 246, fol. 2r).

222 So in Hormoz (NA Coll. Gel. de Jongh (1.10.30), 246, fol. 1r), Manṣūrābād (NA Coll. Gel. de Jongh (1.10.30), 245, fol. 1v), Lār (NA Coll. Gel. de Jongh (1.10.30), 246, fol. 1r) und Kavār (NA Coll. Gel. de Jongh (1.10.30), 246, fol. 1v). Eigens für derartige Einkäufe

merkenswert ist dies insofern, als diese Menge angesichts der täglichen Einkäufe nicht als Vorrat für die weitere Reise, sondern zur Deckung des Tagesbedarfs gedacht war, und umso mehr, als Butter, den zeitgenössischen Beschreibungen zufolge, in der persischen Küche nur sehr sparsam verwendet wurde.[223] Demgegenüber beschreibt der Nürnberger Johann Jacob SAAR, der in niederländischen Diensten 1649 kurz in Bandar ʿAbbās stationiert war, die persische Küche jedoch als „sonderlich wohl geschmaltzen, daß das Fette, oder Butter, dick oben schwimmet",[224] und womöglich behielten die Reisenden ganz einfach die Essgewohnheiten ihrer Heimat bei, die sich ebenfalls durch einen hohen Butterverbrauch auszeichnete.[225] Festzuhalten bleibt allerdings, dass Butter bei einem Durchschnittspreis von fünf bis sechs Mahmudi pro *man*[226] im Vergleich zum Brot ein ausgesprochen teures Nahrungsmittel war, wobei frische Butter und Butterfett im Preis anscheinend noch einmal teurer kamen.[227]

Neben der Butter spielten in der täglichen Ernährung auch andere Milchprodukte eine wichtige Rolle. Häufig wurden Joghurt,[228] Frischmilch und Buttermilch eingekauft.[229] Geht man davon aus, dass ebenfalls anderthalb bis zwei Liter gekauft wurden, fallen bei letzterer die im Vergleich zur Butter

---

hatte man eine Butterkanne mit Schloss angeschafft (NA Coll. Gel. de Jongh (1.10.30), 245, fol. 8r).

223 Vgl. OLEARIUS 1656, 595 u. CHARDIN 1811, Bd. 4, 54 nennt sie vor allem als Zutat zum *polou*.

224 SAAR 1930, 114.

225 Vgl. ALBALA 2003, 79, u. ROECK 1991, 185, der für Süddeutschland am Ende des 16. Jahrhunderts. als wöchentlichen Verbrauch einer Familie vier Pfund angibt. FRYER beschreibt in diesem Sinne die auf seinen Reisen in Iran genommenen Mahlzeiten gleichfalls als „as sumptuous as if at home" (vgl. FRYER 1698, 231).

226 Dies gilt für die in Hormoz, Manṣūrābād und Lār gezahlten Preise. In Kavār war dagegen ein *man* bereits für einen Mahmudi zu bekommen (NA Coll. Gel. de Jongh (1.10.30), 246, fol. 1v).

227 In Āsopās wurden für beides zusammen zweieinviertel Mahmudi, in Maqsūd Begī drei Mahmudi bezahlt (NA Coll. Gel. de Jongh (1.10.30), 246, fol. 2v).

228 In Dehkūh, Manṣūrābād, Čāh Talḫ, Schiraz, Kulār, Māhīn, Āsopās, Deh-e Gerdū, Yazdeḫvāst und Maqṣūd Begī (NA Coll. Gel. de Jongh (1.10.30), 246, fol. 1r–2v). Ob dieser Joghurt, wie nach den Angaben europäischer Reisender üblich, noch Gewürze enthielt (vgl. CHARDIN 1811, Bd. 4, 52), wird nicht erwähnt. Die verwendete Bezeichnung *mast* kann zudem als Hinweis darauf dienen, dass diese Art der Milchverarbeitung zu dieser Zeit in den Niederlanden noch unbekannt war.

229 NA Coll. Gel. de Jongh (1.10.30), 246, fol. 1r–2v.

erheblich niedrigeren Preise auf,[230] die sich vielleicht aus ihrer Eigenschaft als Nebenprodukt bei der Butterherstellung ergaben. Über den Stellenwert von Käse in der damaligen Küche lässt die Aufstellung keine klaren Rückschlüsse zu, da dieses Produkt während der gesamten Reise nur ein einziges Mal, und zu einem ziemlich hohen Preis (14 Qazbegi), eingekauft wurde.[231] In Lār erwarb die Reisegesellschaft schließlich noch für mehr als einen Mahmudi eine Portion Rahm.[232]

Fleisch bildete neben den Getreide- und Milchprodukten einen weiteren wichtigen Bestandteil der Küche. An praktisch jeder Station kaufte Geleynssen de Jonghs Reisegesellschaft entweder ein bis anderthalb *man* Fleisch[233] oder weit öfter[234] zwei oder drei Hühner, die – wohl mit viel Butter oder Fett – am Rastplatz verspeist wurden. Wie im Fall der Butter lag der Fleischverzehr damit weit über den Mengen, die aus Iran (wo Fleisch gewöhnlich eine Zutat im *polou* war)[235] und besonders dem damaligen Europa überliefert werden, wo es für breite Schichten nahezu unerschwinglich war.[236] Festzuhalten bleibt, dass Hühner überall erhältlich waren, während die Verfügbarkeit an anderem Fleisch von Region zu Region unterschiedlich war.[237] Für Schaffleisch wird dabei überall ein stabiler Preis von einem Mahmudi pro *man* angegeben – der Marktpreis für ein Schaf lag zu dieser

230 Die Preise lagen zwischen fünf (Kourestān, Tang-e Dālān, Qūmīše) (NA Coll. Gel. de Jongh (1.10.30), 246, fol. 1r) und acht Qazbegi (Kavār, NA Coll. Gel. de Jongh (1.10.30), 246, 1v).

231 NA Coll. Gel. de Jongh (1.10.30), 246, fol. 2r.

232 NA Coll. Gel. de Jongh (1.10.30), 246, fol. 1r.

233 In Kavār, wo allerdings nur ein halbes *man* gekauft wurde (NA Coll. Gel. de Jongh (1.10.30), 246, fol. 1v, daneben in Schiraz (ein *man*; NA Coll. Gel. de Jongh (1.10.30), 246, fol. 2r, in Māhīn (keine Angaben, 14 Qazbegi, NA Coll. Gel. de Jongh (1.10.30), 246, 2r, sowie in Yazdeḫvāst (anderthalb *man*, 246, fol. 2v) Qūmīše (anderthalb *man*, NA Coll. Gel. de Jongh (1.10.30), 246, fol. 2v), und Mahyār (ein *man*, NA Coll. Gel. de Jongh (1.10.30), 246, fol. 2v). In allen Fällen dürfte es sich vermutlich um Schaffleisch gehandelt haben das in Iran OLEARIUS zufolge am meisten konsumiert wurde (vgl. OLEARIUS 1656, 567, sowie auch CHARDIN 1811, Bd. 4, 28, u. THEVENOT 1674, 180.

234 NA Coll. Gel. de Jongh (1.10.30), 246, fol. 1r–2v.

235 Vgl. OLEARIUS 1656, 595f.

236 Jedenfalls, wenn man den Angaben Fernand BRAUDELS folgt (vgl. BRAUDEL 1985, 201–206). CHARDIN 1811, Bd. 4, 26f., hebt den in Iran gleichfalls geringen Fleischverzehr hervor, den er jedoch in erster Linie auf das örtliche Klima zurückführt.

237 Nach THEVENOT waren in Bandar ʿAbbās lediglich Ziegen und Hühner zu kaufen (vgl. THEVENOT 1674, 268).

Zeit bei zehn Mahmudi.[238] Lediglich in Māhyār wird ein höherer Einkaufspreis von einem Mahmudi und vier Qazbegi genannt,[239] was sich aus dem der Nähe zu Isfahan erklären mag, wo Fleisch, wie OLEARIUS erläutert, aufgrund der großen Bevölkerung und der entsprechenden Nachfrage wesentlich teurer als anderswo war.[240] Ein Huhn kostete zwischen zwölf und 18 Qazbegi,[241] wobei in Küstennähe der Preis bei durchschnittlich 14 bis15 Qazbegi,[242] in Schiraz und den folgenden Stationen bei zwölf Qazbegi lag.[243] Ein *man* Schaffleisch kostete damit ungefähr soviel wie dieselbe Menge Butter, während dieselbe Menge Hühnerfleisch, soweit sich dies vergleichen lässt, noch etwas teurer kam.[244] Aus dem Rahmen fallen ein Schafkopf und -füße, die in Ǧahrom neben drei Hühnern eingekauft wurden;[245] dies nicht zuletzt angesichts des ziemlich hohen Einkaufspreises von einem Mahmudi und fünf Qazbegi für Stücke, die im damaligen Iran als Freibankware galten.[246] Ob man sich nach der dürftigen Kost am Vortag in der abgelegenen Karawanserei von Čāh Talḫ[247] einen üppigen Ausgleich verschaffen wollte oder ob kein besseres Fleisch zu haben war, muss unbeantwortet bleiben. Jedenfalls ließ es sich die Reisegesellschaft nicht entgehen, ihre Kost soweit möglich mit erleseneren Speisen ein wenig abwechslungsreicher zu gestalten, sofern es die örtlichen Gegebenheiten zuließen. Möglicherweisc als Tribut an die heimischen Essgewohnheiten erwarb man etwa in Šādkām neben den Hühnern auch für eineinviertel Mahmudi frischen Fisch,[248] der in Iran sonst selten gegessen wurde.[249] Außerdem wurden an mehreren Orten,

---

[238] NA VOC (1.02.04), 1144, fol. 502v.

[239] NA Coll. Gel. de Jongh (1.10.30), 246, fol. 2v.

[240] Vgl. OLEARIUS 1656, 595.

[241] Die höchsten Preise für ein Huhn waren in Ǧahrom mit 16 Qazbegi (NA Coll. Gel. de Jongh (1.10.30), 246, fol. 1v) und einen Tag später an der Zollstation von Muḫak mit 18 Qazbegi zu zahlen (NA Coll. Gel. de Jongh (1.10.30), 246, fol. 1v).

[242] NA Coll. Gel. de Jongh (1.10.30), 245, fol. 1r.

[243] NA Coll. Gel. de Jongh (1.10.30), 246, fol. 2r–2v).

[244] Das durchschnittliche Gewicht eines Huhns dürfte wohl unter dem eines heutigen küchenfertigen Huhns gelegen haben; die Zucht von Masthühnern war zudem in Iran nicht sehr verbreitet (vgl. CHARDIN 1811, Bd. 3, 386f.).

[245] NA Coll. Gel. de Jongh (1.10.30), 246, fol. 1v.

[246] Vgl. CHARDIN 1811, Bd. 4, 48.

[247] NA Coll. Gel. de Jongh (1.10.30), 246, fol. 1v.

[248] NA Coll. Gel. de Jongh (1.10.30), 246, fol. 2r.

[249] Vgl. CHARDIN 1811, Bd. 4, 8.

auch an solchen, an denen keine Hühner erworben wurden,[250] Eier eingekauft. Die Einkaufspreise bewegen sich zwischen vier und 19 Qazbegi,[251] lassen aber und die jeweils ortsgültigen Preise für ein Ei keine Rückschlüsse zu, da an keiner Stelle angegeben wird, wie viele Eier jeweils erworben wurden.

Als letzte Gruppe von Lebensmitteln sind schließlich noch Obst und Gemüse zu nennen, die mitunter in den Karawansereien erhältlich waren[252] und in Geleynssens Abrechnung ebenfalls beinahe täglich unter den Einkäufen angegeben werden. Am häufigsten erwähnt werden darunter Datteln, gefolgt von den in mehreren Reisebeschreibungen als typisches Produkt des Landes genannten Melonen.[253] Datteln waren auf der Reise besonders in den Küstenprovinzen, einem der Hauptanbaugebiete,[254] und darüber hinaus bis nach Fārs hinein zu bekommen und stellten dort ein Grundnahrungsmittel dar.[255] Dass sie nahezu täglich eingekauft wurden, erklärt sich zum einen aus ihrem hohen Nährwert und ihrer Haltbarkeit, zum anderen aber auch daraus, dass sie sich „tot bier & de taeffel“[256] eigneten, also gleichermaßen zum Essen wie als Ausgangsprodukt eines bier- oder mostähnlichen Getränks, das man wohl als hygienischere Alternative dem sonst verfügbaren Brunnen- oder Zisternenwasser vorzog, das von Charles FRYER als „thick, troubled and slimy“[257] beschrieben wurde.[258] Datteln sind zudem in der Abrechnung das

[250] So etwa in Kourestān, Māhīn und Deh-e Gerdū (NA Coll. Gel. de Jongh (1.10.30), 246, fol. 1r, 2r u 2v.).

[251] In Kourestān betrug der Preis vier Qazbegi (NA Coll. Gel. de Jongh (1.10.30), 246, fol. 1r.), in Dehkūh sieben Qazbegi (NA Coll. Gel. de Jongh (1.10.30), 246, fol. 1r), Bonāruyeh acht Qazbegi (NA Coll. Gel. de Jongh (1.10.30), 246, fol. 1v), Māhīn sechs Qazbegi (NA Coll. Gel. de Jongh (1.10.30), 246, fol. 2r), Ūğān zehn Qazbegi (NA Coll. Gel. de Jongh (1.10.30), 246, fol. 2r), Deh-e Gerdū 19 Qazbegi (246, fol. 2v).

[252] Vgl. THEVENOT 1674, 131.

[253] Vgl. OLEARIUS 1656, 575. Vgl. dazu auch FLOOR 2000, 263f.

[254] Vgl. CHARDIN 1811, Bd. 3, 339f. u. THEVENOT 1674, 225.

[255] Nach FRYER 1698, 225, bildeten sie neben Fisch die tägliche Nahrung der unteren Schichten. Vgl. zum Dattelanbau auch FLOOR 2000, 272f.

[256] So die Erläuterung zu den in Māhīn eingekauften Datteln (NA Coll. Gel. de Jongh (1.10.30), 246, fol. 2r). Zum Zweck des Bierbrauens wurden Datteln außerdem in Kourestān, Ğahrom, Schiraz und Muẓaffarī eingekauft (NA Coll. Gel. de Jongh (1.10.30), 246, fol. 1r–2r).

[257] FRYER 1698, 234.

[258] Demselben Zweck mag auch der für drei Qazbegi in Deh-e Gerdū eingekaufte Essig gedient haben (246, fol.2v.) Vgl. zur Verwendung von Essig als Grundlage für Er-

einzige Obst, für das genauere Preise angegeben werden. In Hormoz, also im Erzeugungsgebiet, kostete demnach ein *man* zehn Qazbegi oder einen halben Mahmudi,[259] in Schiraz dagegen 16 Qazbegi[260] und in Māhīn (zwei Tagesreisen entfernt) schließlich ein Mahmudi und fünf Qazbegi.[261] Melonen, die in grossem Umfang angebaut wurden[262] und besonders für die ärmere Bevölkerung einen Hauptbestandteil der täglichen Ernährung darstellten,[263] waren vor allem im etwas kühleren Hochland verbreitet und lösten mit zunehmender Nähe zur Hauptstadt die Dattel als meistgekaufte Frucht ab. Auch hier bewegen sich die Preise zwischen sieben Qazbegi[264] und einem Mahmudi,[265] was sich aus den verschiedenen in Iran angebauten Sorten und deren jeweils unterschiedlichen Gewicht erklären mag.[266] Von den übrigen in der Abrechnung erwähnten Obstsorten sind Zitrusfrüchte, namentlich Limonen[267] und Orangen,[268] zu nennen, die wie die Datteln besonders im Süden angebaut wurden, sowie ferner Äpfel,[269] Aprikosen,[270] Pflaumen[271] und Kirschen.[272] An einem Ort (in Kavār) wurden für sechs Qazbegi Trau-

---

frischungsgetränke durch das Vermischen mit Sirup oder das Einlegen von Früchten CHARDIN 1811, Bd. 4, 83 u. OLEARIUS 1656, 596.

[259] NA Coll. Gel. de Jongh (1.10.30), 246, fol. 1r.

[260] NA Coll. Gel. de Jongh (1.10.30), 246, fol. 2r.

[261] NA Coll. Gel. de Jongh (1.10.30), 246, fol. 2r. An anderen Orten schwankten die Preise zwischen fünf Qazbegi (in Tang-e Dalān, 246, fol. 1r.) und 18 Qazbegi (so in Manṣūrabād, Ğahrom und Deh-e Gerdū (NA Coll. Gel. de Jongh (1.10.30), 246, fol. 1v-2v).

[262] Vgl. CHARDIN 1811, Bd. 3, 331f.

[263] Vgl. FRYER 1698, 225.

[264] In Qūmīše (NA Coll. Gel. de Jongh (1.10.30), 246, fol. 2v).

[265] In Mahyār (NA Coll. Gel. de Jongh (1.10.30), 246, fol. 2v).

[266] Vgl. CHARDIN 1811, Bd. 3, 330–334, OLEARIUS 1656, 575, THEVENOT 1674, 225.

[267] In Kourestān zum Preis von zehn Qazbegi (NA Coll. Gel. de Jongh (1.10.30), 246, fol. 1r.). Gemeint sind hierbei vermutlich Süßlimonen.

[268] Diese wurden in Lār für vier Qazbegi und in Kavār für 16 Qazbegi eingekauft (NA Coll. Gel. de Jongh (1.10.30), 246, fol. 1r u. fol. 1v).

[269] Diese erwarb man in Schiraz für zehn Qazbegi (NA Coll. Gel. de Jongh (1.10.30), 246, fol. 2r). In Āsopās erwarb man Äpfel, zusammen mit Gemüse unbekannter Sorte und einer Melone, für einen Mahmudi und acht Qazbegi (NA Coll. Gel. de Jongh (1.10.30), 246, fol. 2v).

[270] In Schiraz für sechs Qazbegi (NA Coll. Gel. de Jongh (1.10.30), 246, fol. 2r).

[271] Ebenda für fünf Qazbegi (NA Coll. Gel. de Jongh (1.10.30), 246, fol. 2r).

[272] In Yazdeḫvāst, zusammen mit einer unbekannten Menge Aprikosen, für einen Mahmudi und zwei Qazbegi (NA Coll. Gel. de Jongh (1.10.30), 246, fol. 2v).

ben und die in Iran ebenfalls zu den Früchten zählenden Gurken gekauft.[273] Die anderenorts zu gleichfalls sehr mäßigen Preisen[274] erstandenen Rosinen (*kišmiš*) und Bohnen[275] waren vielleicht auch als Zutat zum Kochen von *polou* gedacht.[276]

Allgemein spielte Gemüse gegenüber dem Obst eine untergeordnete Rolle; in Geleynssens Abrechnung erscheint es einmal, als man in Āsopās neben Äpfeln und einer Melone eine nicht benannte Menge und Sorte kaufte.[277] Dies bedeutet allerdings nicht, dass Gemüse allgemein in der Ernährung eine unbedeutende Rolle gespielt hätte, da, wie erwähnt,[278] für die Niederlassung in Isfahan 39 *man* Trockengemüse auf Vorrat eingekauft worden waren – über die Sorte ist dabei allerdings gleichfalls nichts gesagt.[279] Bei einem Preis von umgerechnet 15–16 Qazbegi pro *man* war dieses Gemüse ein nicht eben billiges, aber doch noch erschwingliches Produkt. Als weiteres Gartenprodukt sind schließlich Mandeln zu nennen, von denen man in Kavār ein *man* für elf Qazbegi erworben hatte.[280]

Fasst man die im Rechnungsbuch angeführten Angaben zu den konsumierten Lebensmitteln zusammen, lässt sich zunächst einmal folgendes feststellen: Die Angestellten der VOC passten sich in Iran den dortigen Essgewohnheiten an und hielten sich an die landesübliche Küche, die vornehmlich aus (Weizen-)Brot,[281] Reis, einen hohen Anteil an Milchprodukten sowie neben Hühner- aus Hammel- oder Lammfleisch und Obst oder Datteln bestand.[282] Die Zusammensetzung der auf dem Weg eingekauften Produkte lässt annehmen, dass man sich, wie in Iran üblich, auf zwei täglichen Hauptmahlzeiten beschränkte, von denen sich die erstere vorwiegend aus Obst und Milchprodukten, die letztere aus Suppe oder *polou* zusammensetz-

---

[273] NA Coll. Gel. de Jongh (1.10.30), 246, fol. 1v.

[274] Über Rosinen als Teil der Teil der täglichen Ernährung berichtet darüber hinaus CHARDIN 1811, Bd. 3, 355f. u. FLOOR 2000, 265f.

[275] In Lār (*kišmiš*), 6 Qazbegi (NA Coll. Gel. de Jongh (1.10.30), 246, fol. 1r) und Muẓaffarī (*kišmiš* und Bohnen), NA Coll. Gel. de Jongh (1.10.30), 246, fol. 1v).

[276] Vgl. CHARDIN 1811, Bd. 4, 54f. u. OLEARIUS, 595.

[277] NA Coll. Gel. de Jongh (1.10.30), 246, fol. 2v.

[278] Vgl. S.29.

[279] NA Coll. Gel. de Jongh (1.10.30), 244, fol. 10r.

[280] NA Coll. Gel. de Jongh (1.10.30), 246, fol. 1v. Diese dienten in der damaligen Ernährung, ähnlich wie Eier, als wichtige Proteinquelle (vgl. GREHAN 2007, 97 u. 116).

[281] Vgl. CHARDIN 1811, Bd. 4, 102 u. OLEARIUS 1656, 595.

[282] Vgl. CHARDIN 1811, Bd. 4, 28f. u. THEVENOT 1674, 179f.

te.[283] Auch der weitgehende Verzicht auf jegliche Verwendung von Gewürzen (wie etwa Essig) entsprach ganz der damaligen Gewohnheit.[284] Da die Zutaten überall und während wenigstens die meiste Zeit im Jahr verfügbar waren,[285] bot die iranische Küche der Safavidenzeit aufs Ganze gesehen eine gesunde und ausgewogene, wenn auch etwas eintönige tägliche Kost, die sich, was ihre Schlichtheit und Nahrhaftigkeit betraf, mit der von einem modernen Autor als „simple and straightforward"[286] beschriebenen niederländischen Küche jener Zeit vergleichen ließ. Nicht vergessen werden sollte dabei, dass beiden Küchen mit der Galenschen Säftelehre die gleichen ernährungsphysiologischen Vorstellungen zugrunde lagen, sodass sich die Niederländer ohne grosse Schwierigkeiten der landesüblichen Kost anpassen konnten.[287]

Wesentlich relevanter erscheint an dieser Stelle freilich die Frage, welche Schlüsse die Angaben der Rechnungsbücher auf die die tägliche Ernährung der unteren Schichten im damaligen Iran zulassen. Dabei ist zunächst einmal unklar, wie viel die genannten Lebensmittel tatsächlich kosteten. Die Rechnungsbücher sind in dieser Hinsicht als Quelle insofern problematisch, als Geleynssen und seine Begleiter als Reisende gezwungen waren, sich auf dem Markt oder direkt bei Bauern und Hirten mit den Nahrungsmitteln versorgen zu müssen, die deren jeweilige Verkäufer auf dem eigenen Hof oder im eigenen Garten selbst erzeugen konnten.[288] Nicht zuletzt aufgrund dieses

283 Vgl. CHARDIN 1811, Bd. 4, 28f., THEVENOT 1674, 179f., u. FRYER 1698, 404f.

284 Vgl. CHARDIN 1811, Bd. 4, 83, was die Annahme bestätigt, dass der gekaufte Essig zur Getränkebereitung gedacht war.

285 Nach CHARDIN 1811, Bd. 3, 330ff. waren Melonen das ganze Jahr über, Zitrusfrüchte acht Monate im Jahr erhältlich.

286 Vgl. ALBALA 2003, 186. Auch für die europäische Küche der Zeit wird die Monotonie des Speisezettels als charakteristisch gesehen (vgl. ROCHE 2000, 229).

287 Vgl. ALBALA 2003, 214–223. Zur Rezeption der griechischen Medizin im persischen Kulturkreis vgl. ALLSEN 2004, 146–149.

288 So im Falle eines Gärtners in Āsopās, dem als Gegenleistung für geschenkte Äpfel ein Trinkgeld bezahlt wurde (NA Coll. Gel. de Jongh (1.10.30), 246, fol. 2r). Zur Gartenbaukultur in Iran allgemein vgl. OLEARIUS 1656, 574. Möglicherweise wollte man, um die Ausgaben zu senken, auch bei der VOC von dieser Möglichkeit Gebrauch machen. So finden sich in den Rechnungen an mehreren Stellen mitunter umfangreiche Ausgaben für Saatgut verzeichnet NA Coll. Gel. de Jongh (1.10.30), 244, fol. 9 (16 Mahmudi und zwei Qazbegi), NA Coll. Gel. de Jongh (1.10.30), 244A, fol. 3r (zwei Mahmudi und zwölf Qazbegi) und NA Coll. Gel. de Jongh (1.10.30), 244A, fol. 4v (ein Viertel *man* Samen für

Umstandes waren auf dem Weg Lebensmittel übliche und sicherlich gerne angenommene Geschenke – analog zur Praxis, daß der Schah offiziellen Gesandtschaften nach ihrer Ankunft in der Residenz für ihren weiteren Aufenthalt durch seinen *nāẓer* (obersten Finanzverwalter)[289] einen umfangreichen Vorrat an Lebensmitteln zukommen ließ.[290] Einen vergleichsweise

---

anderthalb Mahmudi). Unklar ist dabei allerdings, ob es sich beim eingekauften Saatgut um Gemüse- oder Blumensamen handelte.

289 Vgl. Institut voor Nederlandse Geschiedenis 2000, 89.

290 Bei seiner Ankunft in Isfahan im Jahr 1643 wurden Geleynssen de Jongh durch den *eʿtemādoʾ d-douleh* (obersten Minister) die folgenden Lebensmittel überbracht:
je 300 *man-e Tabrīzī* Getreide und Mehl
sieben Kamellasten Häcksel
10 Schafe
50 Hühner
zwei Gänse
zwölf Enten
30 Fische aus Gīlān
fünf *man-e Tabrīzī* Pistazien
zwölf *man-e Tabrīzī* Butter
100 *man-e Tabrīzī* Reis
300 Eier
neun Flaschen Wein (vgl. NA 1150, fol. 194r).Vgl. zu dieser Praxis auch HINZ 1940, 196f.
CHARDIN berichtet, dass im Jahr 1673 dem französischen Gesandten bei seiner Ankunft in der Residenz die folgenden Mengen an Lebensmitteln, Brennholz und Pferdefutter überbracht wurden:
60 quintal Reis (1 quintal = 100 livres = 48,950 kg, vgl. KAHNT/KNORR 1986, 242f.).
60 quintal Mehl
12 quintal Butter
20 Schafe
200 Hühner
1000 Eier
120 quintal Holz
60 Quintal Gerste
400 Sack Stroh (CHARDIN 1811, Bd. 3, 123).
In einer persischen Schwankerzählung vermag es ein Angeklagter, vor Gericht einen Freispruch zu erwirken, indem er dem Richter ein monatliches Stipendium von fünf *man* Brot, einem *man* Butter, vier *man* Fleisch und 50 Eiern in Aussicht stellt (vgl. „Das Testament des Hundes“, in: CHRISTENSEN 1958, 170f). Inwiefern die jeweiligen Mengen tatsächlich den Monatsbedarf an den genannten Lebensmitteln deckten, lässt sich bei den zitierten Fällen, gerade im Hinblick auf die von Geleynssen de Jongh gemachten Angaben, allerdings nicht klären.

kleinen, aber wichtigen Teil der Ausgaben für Lebensmittel machten daher die Trinkgelder von gewöhnlich ein bis zwei Mahmudi für die Diener örtlicher Würdenträger aus, die im Auftrag ihres Herrn Obst[291] oder, wie in Lār, ein Schaf und mehrere Hühner[292] überbracht hatten. Ebenso konnten sich die Zollwächter der auf dem Weg liegenden Zollstationen durch den Verkauf von Früchten oder Hühnern einen zusätzlichen Verdienst verschaffen.[293] Wie die Brotpreise zeigten, konnten sich überdies die Preise für Lebensmittel von Rastplatz zu Rastplatz, die in einer Entfernung von 30 bis 40 Kilometern voneinander lagen, spürbar unterscheiden.[294] Überdies ist in den Aufzeichnungen nichts über die Qualität der eingekauften Nahrungsmittel nichts gesagt. Auffallend ist dabei, dass in den Städten die Versorgungslage nicht unbedingt schlechter und die Preise nicht höher als auf dem Land waren, da Obst, Gemüse und Getreide aus dem fruchtbaren Umland herbeigeschafft oder sogar im Stadtgebiet selbst produziert werden konnen.[295] Für Schiraz beispielsweise gibt Geleynssens Rechnungsbuch ein reiches Angebot an verschiedenen Obstsorten bei vergleichsweise niedrigen Marktpreisen an.[296] Als Ausnahme festzuhalten blieben allenfalls die höheren Fleischpreise in Isfahan. Eine mögliche Bestätigung von OLEARIUS' Angabe liefern abermals die Rechnungsbücher der Compagnie, in denen Ausgaben für Gänse-[297] und Kaninchenfutter[298] angeführt wurden. Diese Einträge lassen darauf

---

[291] An zwei Diener wurden in Lār für das Überbringen von Trauben und Melonen jeweils ein Mahmudi ausgezahlt (NA Coll. Gel. de Jongh (1.10.30), 246, 4r).

[292] NA Coll. Gel. de Jongh (1.10.30), 246, fol. 4r.

[293] So wurden den Zöllnern in Deh-e Gerdū für Obst und Melonen vier Mahmudi, und denen in Qūmīše für mehrere verehrte Hühner zehn Mahmudi gezahlt (NA Coll. Gel. de Jongh (1.10.30), 246, fol. 4r).

[294] NA Coll. Gel. de Jongh (1.10.30), 246, fol. 1r–1v.

[295] Vgl. zur Produktivität städtischer Zentren im vormodernen Nahen Osten und in Europa auch GREHAN 2007, 23 u. ROCHE 2000, 231f.

[296] NA Coll. Gel. de Jongh (1.10.30), 246, fol. 2r.

[297] Für einen Zeitraum von einem Monat sind dabei Ausgaben von zwei Mahmudi und sechs Qazbegi angegeben (NA Coll. Gel. de Jongh (1.10.30), 245, fol. 5r).

[298] Claes Adriaens Rechnung gibt dafür tägliche Ausgaben von acht Qazbegi sowie für die Reparatur des Kaninchenschlags drei Mahmudi und zwei Qazbegi an Lohn- und Materialkosten an (NA Coll. Gel. de Jongh (1.10.30), 244A, fol. 2r–6r, u. NA Coll. Gel. de Jongh (1.10.30), 244A, fol. 6r. Auch hier scheint Adriaens einmal mehr seine Abrechnung frisiert zu haben, da Geleynssen de Jongh nicht nur den angegebenen Tagessatz für das Futter als zu hoch kritisierte (NA Coll. Gel. de Jongh (1.10.30), 244A, fol. 8/10), sondern nach der letzten Reparatur des Kaninchenschlags (NA Coll. Gel. de Jongh (1.10.30), 244A, fol. 6r) auch die Kaninchen selbst verschwanden. Nach Geleynssens Ankunft wur-

schließen, dass die VOC durchaus bestrebt war, durch eine eigene Fleischproduktion die Lebenshaltungskosten ihrer Angestellten zu senken (wenn hinter solchen Maßnahmen nicht ganz einfach der Wunsch stand, den Speiseplan durch heimatliches Wildbret abwechslungsreicher zu gestalten).

Vergleicht man nun die angeführten Preise mit den im vorigen Teil errechneten Löhnen, stellt sich grundsätzlich die Frage, ob sich wirklich alle Iraner jeden Tag die bereits erwähnten zwei Mahlzeiten[299] leisten konnten. Nehmen wir die in den Rechnungen genannten Lebensmittelpreise als Maßstab, so war etwa ein Handwerksmeister in der Lage, von seinem Tagesverdienst von drei Mahmudi je ein *man* Brot[300] und Milchprodukte und Obst, dazu ein halbes *man* Reis und dazu noch Fleisch oder ein Huhn einzukaufen. Vorausgesetzt, dass er regelmäßig Beschäftigung finden konnte, war es ihm also möglich, für sich und seine Familie eine ausreichende und gesunde Ernährung zu sichern. Ein Geselle war dagegen mit seinem täglichen Gehalt von zwei Mahmudi schon gezwungen, sich entweder bei der Menge der einzukaufenden Lebensmittel zu beschränken, auf die eine oder andere Zutat zu verzichten oder, wie aus Isfahan überliefert,[301] Fleisch von minderer Qualität beim Abdecker zu kaufen. Unter Umständen bot ihm jedoch, wie auch seinem Meister, der eigene Garten die Möglichkeit, sich beim Obst und Gemüse oder durch das Halten mehrerer Hühner selbst versorgen zu können.[302] Noch schwieriger gestaltete sich die Versorgung mit Lebensmitteln schließlich für einen Tagelöhner mit seinem Gehalt von etwas über einem Mahmudi oder auch für einen Lastenträger, dessen durchschnittliches Tagesgehalt von 14–15 Qazbegi entweder für ein *man* Brot, ein halbes *man* Reis oder ein Huhn ausreichte – wenn er denn täglich Arbeit finden konnte.[303] Realistisch

---

de für sieben Mahmudi und zwei Qazbegi umgehend ein neuer Kaninchenschlag in Auftrag gegeben (NA Coll. Gel. de Jongh (1.10.30), 244, fol. 11v).

299 Vgl. Chardin 1811, Bd. 4, 28f. u. Olearius 1656, 595.

300 Folgt man der Berechnung Roches, dass im frühmodernen Europa die Menge von gut einem Kilogramm Brot einem Nährwert von 2500–3000 Kalorien entsprach (vgl. Roche 2000, 225), konnte bei der einem *man-e šāhī* entsprechenden Menge Brot die Versorgung einer Familie mit dem lebensnotwendigen als gesichert gelten.

301 Vgl. Gaube/Wirth 1978, 270f.

302 Zur Gartenkultur vgl. Olearius 1656, 574. Zur Rolle von Gartenbau und Kleinviehhaltung bei der Selbstversorgung im frühneuzeitlichen Europa vgl. Roche 2000, 227.

303 Für Handwerker im frühneuzeitliche Frankreich geht Roche von einem Verlust von ca. 100 Arbeitstagen im Jahr durch Sonn- und Feiertage, Arbeitsdienste (*corvée*), Krankheit und Wetter aus, ein Wert der wohl auch für das damalige Iran angenommen werden kann (vgl. Roche 2000, 66).

ist daher die Beschreibung FRYERS, nach der die alltägliche Nahrung der Armen aus Brot, Rosinen und Buttermilch bestand.[304] Dabei konnten die Kunden nicht einmal sicher sein, ob die konsumierten Nahrungsmittel nicht auch noch mit minderwertigen Zusatzstoffen gestreckt worden waren.[305] Vor diesem Hintergrund wird auch die Bedeutung öffentlicher Armenküchen deutlich, als deren bekanntes Beispiel etwa die entsprechende, dem *waqf* Rašīdu d-Dīns in Tabrīz angegliederte Einrichtung gelten kann.[306] Bei solchen Berechnungen ist freilich zu bedenken, dass neben dem Hausvorstand auch die übrigen Familienmitglieder als Handwerker oder Tagelöhner, oder in Gestalt von Nebentätigkeiten (bei Frauen zum Beispiel als Wäscherin), zum täglichen Einkommen beitragen konnten.

Wenn wir zudem aus OLEARIUS'Angaben folgern müssen, dass Lebensmittel in Isfahan teurer als anderswo in Iran waren, und andererseits (wie die Angaben in den Rechnungsbüchern vermuten lassen) die Löhne in der Provinz erheblich niedriger als in der Hauptstadt waren, ist insgesamt von einer noch geringeren Kaufkraft auszugehen, als die vorhandenen Zahlen vermuten lassen. Bei den Brotpreisen kam noch hinzu, dass diese nur schwer zu berechnen waren. Neben den normalen saisonalen Schwankungen[307] konnte eine gute oder schlechte Ernte den Preis noch einmal erheblich beeinflussen. Eine durch Krieg, Witterung oder Naturkatastrophen verursachte verschlechterte Versorgungslage und die damit verbundenen Preissteigerungen konnte somit besonders für die unteren Schichten der Gesellschaft Nahrungsmittel schnell unerschwinglich werden und so den Hungertod zu einer realen Be-

---

[304] Zugleich führt FRYER an, dass unter der ärmeren Bevölkerung genauso viel wie für Lebensmittel wie für Tabak ausgegeben wurde, der dazu dienen sollte, Hungergefühle zu bekämpfen. Der Tageslohn eines Arbeiters scheint demnach kaum ausreichend gewesen zu sein, um wirklich eine ausreichende Ernährung sicherzustellen (vgl. FRYER 1698, 250 u. 263, u. ebenso CHARDIN 1811, Bd. 4, 26).

[305] FRYER berichtet beispielsweise von Beimengungen von Kamel- und Pferdefleisch zum Hammelfleisch, oder von Brot, das mit Kameldung gestreckt wurde (vgl. FRYER 1698, 388).

[306] Zu einer genauen Beschreibung dieser Einrichtung vgl. HOFFMANN 2000, 267–270. Auf die Bedeutung der Speisepläne solcher Armenküchen als Quelle für die Ernährungsgewohnheiten der einfachen Bevölkerung hat erstmals Bert FRAGNER hingewiesen (vgl. FRAGNER 1984, 330).

[307] Wie Claes Adriaens Abrechnung zu entnehmen ist, sank der Einkaufspreis für Gerste, der vom Februar bis Anfang Juni 1641 einen Mahmudi und zwei Qazbegi pro *man* betragen hatte (NA Coll. Gel. de Jongh (1.10.30), 244A, fol. 2r–6v), im Juni auf einen Mahmudi pro *man* (NA Coll. Gel. de Jongh (1.10.30), 244A, fol. 7r–7v).

drohung werden lassen – jene Situation also, die WORM in seinen Erinnerungen an die Hungersnot in Isfahan im Jahr 1718 beschrieben hat.[308]

Zu den Lebensmittelpreisen sind zudem noch die Ausgaben für das zum Kochen erforderliche Brennmaterial hinzuzurechnen, das in Iran ebenso wie in Europa[309] entsprechend in großen Mengen verbraucht wurde.[310] In Isfahan kaufte die Compagnie daher regelmäßig in großen Mengen ein,[311] was auf dem Markt an Brennholz zu bekommen war. Das Holz erwarb man dabei „zu unterschiedlichen Preisen“ (*tot diverse prijzen*)[312] bei mehreren Händlern, wobei der durchschnittliche Preis für ein *man* bei sechs bis sieben Qazbegi lag.[313] Nur halb so viel, also drei Qazbegi pro *man*, kostete Reisig,[314] der zum Feueranzünden (*om te branden*)[315] diente. Kohle, die ebenfalls mehrere Male eingekauft wurde,[316] besaß im Vergleich zum Holz einen wesentlich höheren Brennwert, war aber mit mindestens 16 Qazbegi pro *man* auch erheblich teurer. OLEARIUS zufolge wurde als billigere Alternative auch Kuhdung zum Feuermachen verwendet.[317] Wie CHARDIN berichtet, verzichteten angesichts der hohen Brennstoffpreise viele Iraner darauf, selbst zu kochen, und besorgten sich ihr Essen lieber in einer der öffentlichen Gar-

---

308 Vgl. WORM 1737, 293f.

309 Vgl. ALBALA 2003, 89.

310 Vgl. CHARDIN 1811, Bd. 4, 57, u. OLEARIUS 1656, 595.

311 Während der mehrwöchigen Anwesenheit Geleynssen de Jonghs in Isfahan wurden insgesamt zehn *cargen* zum Preis von 202 Mahmudi verbraucht (NA Coll. Gel. de Jongh (1.10.30), 244, fol. 10r). Zu anderen Zeiten lagen die monatlichen Ausgaben für Brennholz bei 100 Mahmudi (NA Coll. Gel. de Jongh (1.10.30), 245, fol. 3v u. fol. 4v).

312 NA Coll. Gel. de Jongh (1.10.30), 244, fol. 3v u. NA Coll. Gel. de Jongh (1.10.30), 245, fol. 7r.

313 NA Coll. Gel. de Jongh (1.10.30), 244, fol. 9v, NA Coll. Gel. de Jongh (1.10.30), 244A, fol. 2r, NA Coll. Gel. de Jongh (1.10.30), 245, fol 3v. Holz scheint in ganz Iran allgemein zum gleichen Preis erhältlich gewesen zu sein. Geleynssens Reisekostenabrechnung gibt Preise zwischen einen Qazbegi (Kulār, NA Coll. Gel. de Jongh (1.10.30), 246, fol. 2r) und zwei Mahmudi an (Muẓaffarī, NA Coll. Gel. de Jongh (1.10.30), 246, fol. 1v), wobei sich der Durchschnittspreis um die sechs Qazbegi bewegte (NA Coll. Gel. de Jongh (1.10.30), 246, fol. 1r–2v).

314 NA Coll. Gel. de Jongh (1.10.30), 244, fol. 9v, NA Coll. Gel. de Jongh (1.10.30), 244A, fol.2v.

315 NA Coll. Gel. de Jongh (1.10.30), 244, fol. 9v.

316 NA Coll. Gel. de Jongh (1.10.30), NA Coll. Gel. de Jongh (1.10.30), 244, fol. 9v, mit dem Vermerk, daß diese für die Küche (*tot gebruijck van (de) taeffel*) gedacht war, sowie ferner NA Coll. Gel. de Jongh (1.10.30), 244A, fol. 24 u. fol. 3v, 245, fol. 7r).

317 Vgl. FRAGNER 1984, 330.

küchen.[318] Ob diese wirklich eine kostengünstigere Alternative zum eigenen Herd darstellten, lässt sich indes bezweifeln. Geleynssen de Jongh, der sich auf der Reise nach Isfahan während des mehrtägigen Aufenthaltes in Schiraz die Annehmlichkeit gönnte, sich die Abendmahlzeit aus dem Basar holen zu lassen, verzeichnet dafür Preise zwischen zwei und zehn Mahmudi,[319] wobei für eine Portion *polou* mit Eiern vier Mahmudi berechnet wurden[320]. Bei solchen Preisen dürfte *polou* selbst im Hause eines Handwerksmeisters eher ein Festessen als einen Bestandteil der täglichen Ernährung dargestellt haben. Die Beschreibung der iranischen Küche bei CHARDIN und OLEARIUS mit der hervorgehobenen Bedeutung der Reisgerichte dürfte sich wohl auf die beiden Autoren vertraute höfische Küche beziehen, in der zur Safavidenzeit die verschiedenen *polou*-Gerichte in der Tat eine zentrale Rolle spielten.[321] Die Grundlage der Nahrung der unteren Schichten bildete hingegen zu dieser Zeit, wie Geleynssen de Jonghs Einkäufe während der Reise nach Isfahan zeigen, Brot und andere Getreidegerichte.[322] Von solchen Problemen waren freilich die Angehörigen der oberen Schichten kaum betroffen. „The Rich live plentifully everywhere" wusste etwa FRYER zu berichten.[323]

Auch in der Niederlassung der VOC selbst scheint man, wie aus den Rechnungsbüchern zu ersehen, einen gehobenen Lebensstil gepflegt zu haben, der sich an dem des Hofes orientierte. Um die Geschäftspartner und Interessenvertreter am Hof gewogen zu halten und den eigenen Status zu demonstrieren,[324] war man besonders für die Küche zu ansehnlichen Ausgaben bereit. Für Tafelobst und Nüsse etwa gab man innerhalb eines Viertel-

---

318 Vgl. CHARDIN 1811, Bd. 4, 57, der auf die hohen Preise von Brennholz und Kohle verweist. Auch in diesem Punkt scheinen sich die iranische wie die abendländische Esskultur nicht sonderlich unterschieden zu haben (zur vergleichbaren Rolle von Garküchen und Bäckereien im damaligen Europa vgl. ALBALA 2003, 112).

319 NA Coll. Gel. De Jongh (1.10.30), 246, fol. 2r.

320 NA Coll. Gel. De Jongh (1.10.30), 246, fol. 2r.

321 Vgl. FRAGNER 1984, 340.

322 Vgl. FRAGNER 1984, 339. Die bescheidene Kost der iranischen Unterschicht kann überdies als ein Phänomen langer Dauer betrachtet werden, denn von Brot, Obst und (in geringerer Menge) Milchprodukten als Nahrung der breiten Masse berichten sowohl Quellen aus der Mongolenzeit (vgl. ALLSEN 2007, 119) als auch POLAK (POLAK 1865 Bd. 1, 121) und HAAS (HAAS 1946, 196).

323 Vgl. FRYER 1698, 405.

324 Zum Zusammenhang von Großzügigkeit, demonstrativem Luxus und sozialem Prestige in frühmodernen islamischen Gesellschaften vgl. GREHAN 2007, 94 u. 178f.

jahres 116 Mahmudi aus,[325] während sich bei einem von Geleynssen de Jongh bei seiner Ankunft in Isfahan für die Vertreter der in Isfahan ansässigen christlichen Nationen (einschließlich der Armenier) ausgerichteten Gastmahl die Ausgaben auf 113 Mahmudi beliefen.[326] Bei den dabei servierten Speisen wird es sich, angesichts der hohen Ausgaben, nicht um die bodenständige `Hausmannskost´ gehandelt haben, mit der sich Geleynssen de Jongh auf dem Weg begnügte, sondern um ausgefeilte, an der höfischen Küche orientierte Gerichte. Die höfische Esskultur wiederum unterschied sich von der der unteren Klassen vor allem durch den Gebrauch von Gewürzen, die bei nahezu allen Gerichten eine wichtige Rolle spielten,[327] und ein wesentlicher Teil der Geschäfte der Compagnie in Iran beruhte letztlich darauf, die Haushalte der Oberschicht mit den entsprechenden Zutaten zu versorgen.[328] So wurden im Jahr 1643 von der VOC in Bandar ʿAbbās an Zucker, dessen wichtigster Lieferant nach Iran die VOC war,[329] 120.000 Pfund Kandiszucker, 900.000 Pfund loser Zucker (*poeijersuijcker*) aus China und Bantam (auf Java) sowie 200.000 Pfund des weniger gefragten bengalischen Zuckers eingeführt.[330] Dazu kamen ausserdem noch 200.000 Pfund indischer Pfeffer, 50.000 Pfund Nelken, 40.000 Pfund Zimt, 9000 Pfund Muskatnüsse guter und 60.000 Pfund minderer Qualität (sog. *rompen*) sowie 3000 Pfund chinesischer Anis,[331] wobei man wohl davon ausging, diese Mengen auf dem Markt auch losschlagen zu können.

---

325 NA Coll. Gel. De Jongh (1.10.30), 244, fol. 7r. Namentlich genannt werden dabei als Obstsorten Äpfel, Birnen, Trauben und Melonen, daneben noch Mandeln und Pistazien und nicht näher bezeichnete „Nüsse", vermutlich Wal- und Haselnüsse. An den in Isfahan angebauten Obst- und Gemüsesorten nennt FRYER Birnen, Äpfel, Kirschen, Maulbeeren, Pflaumen sowie ferner Kohl, Blumenkohl, Beeten, Artischocken, Mohrrüben und Spargel (vgl. FRYER 1698, 294). Vgl. zum Gartenbau auch FLOOR 2000, 275.

326 NA Coll. Gel. De Jongh (1.10.30), 244, fol. 7r.

327 Vgl. die von Bert FRAGNER vorgelegte Übertragung eines zeitgenössischen Kochbuchs, Ostād Nūrollāhs *Māddato l-ḥayāt* (in: FRAGNER 1984, 340–360).

328 Zum Gewürzhandel in Iran vgl. FLOOR 2000, 133–139.

329 Vgl. FLOOR 2000, 127–133.

330 NA VOC (1.02.04), 1144, Geleynssen de Jongh, Bandar ʿAbbās, nach Batavia, 14. Mai 1643, fol. 489v. Allerdings machte dieser den Grossteil des von der VOC nach Iran eingeführten Zuckers aus (vgl. KLEIN 1993/94, 380–384) Zur Einfuhr von Zucker aus Taiwan vgl. KLEIN 1993/94, 385).

331 NA VOC (1.02.04), 1144, Geleynssen de Jongh, Bandar ʿAbbās, nach Batavia, 14. Mai 1643, fol. 489v.

Für den Zucker aus Bengalen wurde dabei pro *man-e šāhī* ein Verkaufspreis von neun Lari oder 11¼ Mahmudi, für den chinesischen Zucker von zehn Lari (12½ Mahmudi) und für den Kandiszucker von 17 Lari (21¼ Mahmudi) erwartet.[332] Ein *man* Zucker kostete demnach[333] gut doppelt soviel wie ein *man* Butter, die in der täglichen Ernährung schon eines der teuersten Produkte war. In verarbeitetem Zustand war er noch teurer; schon ein halbes Pfund des bei der Bewirtung von Würdenträgern obligatorischen Zuckerwerks kostete in Bandar ʿAbbās den Rechnungen zufolge neun Mahmudi.[334] Allerdings kann man nur spekulieren, ob sich in dem genannten Fall der hohe Preis dadurch erklärt, dass Zuckerbäcker als hoch qualifizierte Handwerker einen entsprechenden Lohn verlangen konnten, der sich im Preis des Endprodukts niederschlug, oder die in Bandar ʿAbbās servierten Süßwaren aus anderen Orten zu den entsprechenden Kosten eingeführt werden mussten.

Noch höher als beim Zucker wurden die Preise für Gewürze[335] angesetzt. In der bereits erwähnten Aufstellung erwartete man, das *man-e šāhī* Pfeffer für 22 Lari oder 27½ Mahmudi, den Anis pro *man* für 35 Lari (43¾ Mahmudi), den Zimt für 40 Lari (50 Mahmudi), die Muskatnüsse für 48 Lari (60 Mahmudi) und die Gewürznelken für 80 Lari (100 Mahmudi) pro *man*[336] abzusetzen. Selbst wenn man voraussetzt, dass in der Küche nur geringe

---

[332] NA VOC (1.02.04), 1144, Geleynssen de Jongh, Bandar ʿAbbās, nach Batavia, 14. Mai 1643, fol. 489v.

[333] Dem steht an anderer Stelle ein Preis von fünf Mahmudi für ein *man-e šāhī* Zucker entgegen, von dem man sechs *man* für das Einlegen von Radix China benötigte (NA Coll. Gel. De Jongh (1.10.30), 245, fol. 2v). Bei letzterem handelte es sich eher um das zur Behandlung von Hautkrankheiten verwendete Smilax China (vgl. Institut voor Nederlandse Geschiedenis 2000, 95) als um den auch als Radix China bezeichneten Rhabarber (*rheum officinale*), der in der persischen Medizin aufgrund seiner purgierenden Wirkung sowohl bei Menschen als auch bei Pferden angewandt wurde (vgl. ALLSEN 2004, 152 u. 157f.).

[334] NA Coll. Gel. De Jongh (1.10.30), 244, fol. 13r.

[335] Anzumerken ist dabei, dass Zucker in der damaligen Ernährungslehre ebenfalls zu den Gewürzen gezählt wurde (vgl. GREHAN 2007, 116ff.).

[336] NA VOC (1.02.04), 1144, fol. 489v. Für die bereits in Bandar ʿAbbās lagernden Waren hatte die VOC 1643 für bengalischen Zucker pro *man* 13 Mahmudi und drei Qazbegi, für die Muskatnüsse 62½ Mahmudi und für indischen Pfeffer 31 Mahmudi und vier Qazbegi erzielen können (NA VOC (1.02.04), fol. 492v). Anzumerken ist dabei, dass in diesem Jahr die Preise für Gewürze ausserordentlich niedrig lagen und somit auch der Gewinn relativ niedrig war (vgl. KLEIN 1993/94, 211 u. 221f.). Eine Vergleichstabelle zu den Gewürzpreisen im Allgemeinen bietet KLEIN 1993/94, 199f.).

Mengen benötigt wurden, kann man angesichts dieser Preise kaum davon ausgehen, dass Gewürze (von Küchenkräutern vielleicht einmal abgesehen) den Weg in die Küche einer Handwerker- oder Tagelöhnerfamilie gefunden haben. Dass die Ernährung der Safavidenzeit als arm an Gewürzen beschrieben wird, dürfte also weniger mit geschmacklichen Vorlieben, sondern schlicht mit den für die meisten Iraner unerschwinglichen Preisen zu tun gehabt haben. In dieser Hinsicht erinnert die iranische Küche stark an die europäische vor dem Beginn der Entdeckungsreisen. Über die Verfügbarkeit und die jeweiligen örtlichen Preise von Salz, dies sei abschließend angemerkt, finden sich in Geleynssen de Jonghs Rechnungsbüchern keinerlei Angaben.

Ebenso bruchstückhaft wie die Informationen zu den Lebensmitteln sind in den Abrechnungen auch die Auskünfte über Preise und Konsum von Genussmitteln. Wein, der in der höfischen Kultur eine wichtige Rolle spielte, fand dabei am häufigsten Erwähnung. Bei Audienzen und offiziellen Anlässen vom Schah wie von seinen Untergebenen öffentlich getrunken, diente sein gemeinsamer Genuss als Ritual der sozialen und politischen Kommunikation, wobei auch aus den Rechnungsbüchern diese Funktion als „soziales Schmiermittel“,[337] wie Rudolph MATTHEE es genannt hat, deutlich hervorgeht. So hatte die VOC in acht Kisten zu einem Gesamtwert von 304 Mahmudi Wein aus Schiraz kommen lassen, der nicht allein für den Hausgebrauch gedacht war, sondern auch bei dem genannten Empfangsessen den Freunden und Geschäftspartnern serviert oder dem *eʿtemādoʾ d-douleh* und anderen Würdenträgern als Geschenk überreicht wurde.[338] In ähnlicher Weise hatte der Gouverneur von Lār Geleynssen de Jongh seinen Respekt erwiesen, als er ihm durch einen Bedienten (der dafür zwei Mahmudi als Trinkgeld erhielt) drei Flaschen Wein zukommen ließ.[339] Bemerkenswert ist, in welchen Mengen Wein konsumiert wurde. Geht man von dem an anderer Stelle genannten Einkaufspreis von 16 Qazbegi für ein *man* Wein in Schiraz aus,[340] würde dies bei den erwähnten acht Kisten eine Gesamtmenge von 380 man, oder, je nach verwendetem Gewicht (d.h. *man-e šāh* oder *man-e Tabrīzī*), zwischen 1100 und 2200 Liter ergeben, die (wie die Abrechnung

[337] MATTHEE 2005, 67. Zur Trinkkultur der Safavidenzeit im Allgemeinen vgl. MATTHEE 2005, 37–68 und auch CHARDIN 1811, Bd. 4, 69ff.

[338] NA Coll. Gel. de Jongh (1.10.30), 244, fol. 7r.

[339] NA Coll. Gel. de Jongh (1.10.30), 246, fol. 4r.

[340] NA Coll. Gel. de Jongh (1.10.30), 246, fol. 2r.

besagt) innerhalb von drei Monaten konsumiert wurden. Der besagte Einkaufspreis zeigt zudem, dass Wein im Vergleich zu anderen Lebensmitteln nicht eben billig, aber auch kein für die allermeisten Iraner unerschwingliches Luxusprodukt war. Aufgrund des aufwendigeren Herstellungsverfahrens wesentlich teurer, aber sicher auch in kleinerer Menge getrunken war Arak, für den in Schiraz vier *man* zu zweieinhalb Mahmudi pro *man* eingekauft worden waren.[341] Wenn auch der Weingenuss bei gesellschaftlichen Anlässen eine wichtige Rolle spielte, wurde dabei nicht allein Alkohol getrunken. Ebenso üblich war die als Landessitte vermerkte Bewirtung mit Rosenwasser,[342] von dem für das Logis, wohl in der nahe gelegenen Karawanserei von Ḫwāǧā-ye Maḫrām,[343] eine leider nicht genannte Menge für 22 Mahmudi beschafft worden war.[344] Angesichts des Umstandes, dass CHARDIN Rosenwasser als ausgesprochenen Luxusartikel beschreibt, der als *bien plus chère que l'ambre gris, et beaucoup rare* in anderen Teilen Asiens beinahe mit Gold aufgewogen wurde,[345] kann es sich um kaum mehr als eine kleine Flasche gehandelt haben.

Darüber hinaus hatte sich Kaffee neben dem Wein rasch als zweites wichtiges Getränk der Oberschicht etabliert, nachdem er erst gut zwei Jahrzehnte zuvor in Iran eingeführt worden war.[346] In den Rechnungsbüchern wird er allerdings nur an einer Stelle im Zusammenhang mit dem Empfang für den *šāhbandar* (Hafenmeister) in Bandar ʿAbbās erwähnt, bei dem neben dem Zuckerwerk auch für viereinhalb Mahmudi Kaffee serviert wurden.[347] Angesichts des Umstandes, dass die VOC in den Jahren 1642–43 39.100 Pfund, in der darauf folgenden Saison 1643–44 dagegen 96.201 Pfund Kaf-

---

341 NA Coll. Gel. de Jongh (1.10.30), 246, fol. 2r.

342 Von warmem Rosenwasser als Teil der Bewirtung von Würdenträgern berichtet Johann Josua Ketelaar (vgl. NA VOC (1.02.04), 1901, fol. 976r–976v, 982v, 987r, 988r, 993r, 996v, 999r, 1000v, 1001v, 1009r, 1042r, 1043r, 1051v, 1054v, 1188r).

343 GAUBE/WIRTH 1978, 282, nennen dieses Saray als den wichtigsten Verkaufsort in Isfahan.

344 NA Coll. Gel. de Jongh (1.10.30), 244, 7r. Im Jahr 1643 führte die VOC selbst 50 *cassen* Rosenwasser aus Iran aus für die als Gesamtwert 3500 Mahmudi angegeben werden, was einem pro *cas* einem Wert von 70 Mahmudi entspricht (NA VOC (1.02.04), 1144, fol. 491r). Zu Rosenwasser als Handelsware vgl. auch FLOOR 2000, 163f.

345 So kostete CHARDINS Angaben (CHARDIN 1811, Bd. 4, 65f.) zufolge in Indien eine Unze 200 Ecu, ein Betrag, der umgerechnet ungefähr 600 Gulden entsprach (zum Ecu vgl. KAHNT/KNORR 1986, 168).

346 Dies ergibt sich aus den Ausführungen bei MATTHEE 2005, 148–151 u. 161f.

347 NA Coll. Gel. de Jongh (1.10.30), 244, fol. 13r.

fee nach Iran einführte,[348] war die für diesen Anlass gebrauchte Menge allerdings geradezu lächerlich gering. Selbst als während Geleynssen de Jonghs erster Amtszeit in Iran der Kaffeepreis kurzfristig einbrach,[349] kostete ein *man-e Tabrīzī* immer noch zwischen 108 und 144 Mahmudi – diese Preise mögen seinen Status als Getränk der Elite erklären. Tee hingegen war unter den Safaviden als Getränk praktisch unbekannt und wird in den Rechnungsbüchern nirgends erwähnt.[350] Schließlich wurde bei der Audienz neben Zuckerbäckerei und Kaffee auch noch Tabak im Wert von neun Mahmudi gereicht,[351] über dessen Herkunft, Qualität und Menge jedoch keine weiteren Angaben gemacht werden[352].

4. Weitere Kosten der Haushaltsführung

Obwohl diese in den Abrechnungen eher eine geringe Rolle spielen, enthalten Geleynssen de Jonghs Rechnungsbücher mit den Angaben zu Löhnen und Lebensmittelpreisen auch umfangreiche wie aufschlussreiche Informationen über Verdienstmöglichkeiten und allgemeinen Lebensstandard im safavidischen Iran.

Nicht vergessen werden sollte dabei allerdings, dass die hier untersuchten Rechnungsbücher in erster Linie dazu dienten, über die Ausgaben der VOC-Niederlassung selbst Auskunft zu geben und vor seinen Vorgesetzten Rechenschaft ablegen zu können. Da jedoch genauso wie die Lebensmittel auch alle anderen Konsumgüter und Gebrauchsgegenstände auf dem einheimischen Markt erworben werden mussten und sich die VOC-Angestellten, wie schon bei den Lebensmitteln gesehen, an der Lebensweise ihrer Umgebung orientierten, lässt sich mithin aus den Rechnungsbüchern für andere Berei-

[348] Vgl. Matthee 2005, 154.

[349] Betrug dieser 1639 noch 37½ Mahmudi für ein Pfund, so war er 1641 auf 22–24 Mahmudi für dieselbe Menge gesunken, fiel 1642–43 weiter auf 18–19 Mahmudi, betrug aber 1643–44 bereits wieder 20 Mahmudi. Vgl. Matthee 2005, 351.

[350] Auch als Handelsware spielte er zu dieser Zeit im Vergleich zum Kaffee keine bedeutende Rolle. 1643 wurden auch China gerade einmal 1500 Pfund eingeführt, wobei für die mangelnde Bedeutung als Konsumgut auch der hohe Preis von 75 Lari (93 Mahmudi und 14 Qazbegi) pro *man* spricht (NA VOC (1.02.04), 1144, fol. 489v).

[351] NA Coll. Gel. de Jongh (1.10.30), 244, fol. 13r.

[352] Zur Bedeutung von Tabak in der Alltagskultur der Safavidenzeit und zu Anbau und Handel, vgl. neben der zeitgenössischen Schilderung von Olearius 1656, 579, und Matthee 2005, 117–143, wo allerdings keine Angaben über die Marktpreise gemacht werden.

che auch der Bedarf eines gehobenen safavidischen Haushalts rekonstruieren. Die in den Rechnungen verzeichneten Ausgaben bezogen sich im Wesentlichen auf vier Arbeitsbereiche: Die Kanzlei, die Küche, den Garten und die Stallungen. Einen raumübergreifenden Kostenfaktor im Alltag stellten dabei, um mit diesem Punkt zu beginnen, Heizung und Beleuchtung dar. Wie bereits im vorhergehenden Abschnitt dargelegt, wurden für die Niederlassung erhebliche Mengen an Holz, Reisig und Kohle eingekauft, die jedoch zu einem großen Teil in der Küche gebraucht wurden. Eigens zum Heizen wird Kohle lediglich einmal erwähnt, als man im März 1641 fünf *man* (also 14,5 bzw. 29 kg) erwarb, um einen offensichtlich auch von den Angestellten der Compagnie zum Wärmen benutzten *korsī* zu heizen.[353] Da aus den verfügbaren Angaben nicht klar hervorgeht, zu welchem eigentlichen Zweck Kohlen eingekauft wurden, kann leider nicht ermittelt werden, welchen Anteil an den Haushaltskosten das Heizmaterial einnahm.

Neben Herd und Heizung bildete die Beleuchtung einen ständigen Kostenfaktor. Die Rechnungen berichten von drei unterschiedlichen Leuchtmitteln. Das erste bildeten Fackeln, die vor allem dazu dienten, außer Haus den Weg zu beleuchten.[354] Zugleich bildeten sie das primitivste Beleuchtungsmittel, da sie im Wesentlichen aus um Stöcke gewundenen, in brennbare Materie getränkten Lumpen bestanden. Ein billiger Artikel wurden sie dadurch nicht unbedingt; in den Rechnungen werden als Posten für fertige Fackeln einmal zwei Mahmudi und sechs Qazbegi vermerkt,[355] an anderer Stelle werden einmal für Pech und Lumpen knapp fünf Mahmudi,[356] ein anderes mal drei Mahmudi für Öl einer ungenannten Sorte[357] berechnet. Innerhalb des Hauses wurden entweder Öllampen oder Kerzen zur Beleuchtung verwendet. Die Preise für Lampenöl lagen zwischen zwei[358] und siebeneinhalb Mahmudi pro *man*, bei einem Durchschnittspreis von sechs

[353] NA Coll. Gel. de Jongh (1.10.30), 244A, fol. 3r. Zu dieser Verwendung von Kohle vgl. auch CHARDIN 1811, Bd. 4, 120.

[354] Vgl. VALENTIJN 1724, Bd. V.1, 204.

[355] NA Coll. Gel. de Jongh (1.10.30), 244, fol. 3r.

[356] NA Coll. Gel. de Jongh (1.10.30), 244, fol. 3v.

[357] NA Coll. Gel. de Jongh (1.10.30), 244, fol. 6v.

[358] Genannt werden Preise zwischen zwei (NA Coll. Gel. de Jongh (1.10.30), 244A, fol. 2v) und drei Mahmudi (NA Coll. Gel. de Jongh (1.10.30), 244A, fol. 3v u. 4r); in Schiraz kostete ein *man* im Durchschnitt anderthalb Mahmudi (NA Coll. Gel. de Jongh (1.10.30), 244, fol. 3r, NA Coll. Gel. de Jongh (1.10.30), 244A, fol 2v).

Mahmudi.[359] Bei den billigeren Einkaufspreisen könnte es sich anstelle des sonst üblichen Naphtha[360] um Sesamöl oder das billigere, aber aufgrund des üblen Geruchs und der starken Qualm- und Russbildung wenig beliebte Rizinusöl[361] gehandelt haben. Einen erheblichen Posten in der Haushaltsführung bildete Lampenöl nicht zuletzt aufgrund des hohen Verbrauchs. Dieser scheint z.B. in der Isfahaner Niederlassung während der Abwesenheit des Direktors, d.h. wenn die Niederlassung nur von vier bis fünf Personen bewohnt war, bei einem *man* pro Monat gelegen zu haben.[362]

Die hochwertigste, aber auch teuerste Lichtquelle waren Wachskerzen, wobei sich die angegebenen Preise für ein *man* zwischen sechs und 22½ Mahmudi[363] bewegten. Ähnlich wie beim Öl gab es eine billigere Alternative, die Talgkerzen.[364] Wohl aufgrund hoher Marktpreise unternahm man im Logis einmal das Experiment, Kerzen selbst herzustellen. Zu diesem Zweck wurden neben einem Gießlöffel für drei Mahmudi[365] und Kerzendocht für zwölf Qazbegi[366] auch zweidreiviertel *man* Kerzenwachs zum Preis von 24 Mahmudi und zwei Qazbegi beschafft.[367] Ob sich bei diesen Materialkosten von knapp neun Mahmudi für ein *man* solcher Kerzen der Aufwand im Vergleich zum Einkauf im Basar wirklich lohnte, sei dahingestellt. Festzuhalten bleibt, dass auch in einem einfachen Haushalt die Beleuchtung ebenso wie das Brennholz für die Küche beträchtliche monatliche Ausgaben verursachte, wenn man nicht auf billige Ersatzstoffe (wie Rizinusöl und Ziegenfett) zurückgriff oder am Abend gleich auf jegliches Licht im Haus verzichtete.

---

359 Genannt werden Preise zwischen fünf Mahmudi (NA Coll. Gel. de Jongh (1.10.30), 245, fol. 4v, 5r, 5v, 7r und fol. 11r), sechs Mahmudi (NA Coll. Gel. de Jongh (1.10.30), 244A, fol. 5v, 6r u. 6v. NA Coll. Gel. de Jongh (1.10.30), 245, fol. 5r) und siebeneinhalb Mahmudi (NA Coll. Gel. de Jongh (1.10.30), 245, 1v)

360 Vgl. CHARDIN 1811, Bd. 4, 87.

361 Vgl. CHARDIN 1811, Bd. 4, 85f.

362 NA Coll. Gel. de Jongh (1.10.30), 244A, fol. 5r–6v.

363 Genannt werden pro *man* Preise von sechs (NA Coll. Gel. de Jongh (1.10.30), 245, fol. 4v), sieben (NA Coll. Gel. de Jongh (1.10.30), 245, fol. 3v), achteinviertel (NA Coll. Gel. de Jongh (1.10.30), 245, fol. 5r), achteindrittel (NA Coll. Gel. de Jongh (1.10.30), 245, fol. 6r), neun (NA Coll. Gel. de Jongh (1.10.30), 244, fol. 3r; 245, fol. 1v) 17 (NA Coll. Gel. de Jongh (1.10.30), 245, fol. 84), 20 (245, fol. 8v) und 22½ Mahmudi (NA Coll. Gel. de Jongh (1.10.30), 244, fol. 6v).

364 Von Ziegenfett als billigem Brennmittel berichtet OLEARIUS 1656, 569.

365 NA Coll. Gel. de Jongh (1.10.30), 245, fol. 5r.

366 NA Coll. Gel. de Jongh (1.10.30), 245, fol. 7r.

367 NA Coll. Gel. de Jongh (1.10.30), 245, fol. 7r.

Neben Brennstoffen für Licht, Heizung und Küche bildeten die im Haushalt benötigten Gebrauchsartikel, die entweder im gesamten Haus oder in den jeweiligen Arbeitsbereichen benötigt wurden, einen weiteren Kostenpunkt in den Abrechnungen. Die Kosten bemaßen sich dabei nach den für die täglichen Verrichtungen jeweils benötigten Artikel und Werkzeuge und die dafür benötigten Materialien. Überall im Haus zu finden und in der Anschaffung überaus preiswert waren Ton- und Flechtwaren. Tonlampen und Trinkkrüge (sog. *gorgeletten*),[368] von denen man gleich einen ganzen Posten einkaufte,[369] waren pro Stück für zwei Qazbegi zu haben,[370] während Wasserkannen zwischen fünf[371] und zehn Qazbegi[372] kosteten. Die Preise für Besen, die gleichfalls in größerer Zahl beschafft wurden, lagen mit drei bis vier Qazbegi pro Stück ebenfalls im unteren Segment.[373] Ein Einkaufskorb, der wohl aus stabilerem und dauerhafterem Material bestand, war mit acht Qazbegi[374] doppelt so teuer wie ein Besen, jedoch immer noch billiger als die im Haus verwendeten Metallwaren. Eine Ölkanne etwa kostete ebenso wie die zu dieser Zeit in jeder besseren iranischen Wohnstube zu findenden Spucknäpfe[375] pro Stück einen Mahmudi,[376] ein Feuerbecken dagegen drei Mahmudi.[377]

Unter den einzelnen Bereichen zeichnete sich die Kanzlei durch einen hohen Bedarf an Verbrauchsmaterial aus, der sich vor allem auf Papier und Tinte konzentrierte. Ein Posten Schreibpapier kostete üblicherweise zwei bis

---

[368] Zu Bedeutung und Herkunft dieser Bezeichnung vgl. Institut voor Nederlandse Geschiedenis 2000, 50.

[369] NA Coll. Gel. de Jongh (1.10.30), 244, fol. 9v. Eine Beschreibung solcher auf persisch als *dulabī* bezeichneter Gefäße findet sich bei WULFF 1966, 155.

[370] NA Coll. Gel. de Jongh (1.10.30), 245, fol. 5r (gorgeletten), (NA Coll. Gel. de Jongh (1.10.30), 244, fol. 9v u. fol. 10v (für Tonlampen).

[371] Angegeben sind Preise von fünf (245, fol. 5r; und sieben Qazbegi (NA Coll. Gel. de Jongh (1.10.30), 245, fol. 6r).

[372] NA Coll. Gel. de Jongh (1.10.30), 244, fol. 9v.

[373] Genannt sind Einkäufe von 20 Besen zu je vier Qazbegi (NA Coll. Gel. de Jongh (1.10.30), 244, fol. 11r u. NA Coll. Gel. de Jongh (1.10.30), 245, fol. 3v, sowie von 16 Stück zu je drei Qazbegi (NA Coll. Gel. de Jongh (1.10.30), 244, fol. 12r).

[374] NA Coll. Gel. de Jongh (1.10.30), 245, fol. 5r.

[375] Vgl. CHARDIN 1811, Bd. 4, 19.

[376] NA Coll. Gel. de Jongh (1.10.30), 245, fol. 6r, u. 8r, 246, fol. 3v (Ölkannen), NA Coll. Gel. de Jongh (1.10.30), 245, fol. 8r (Spucknäpfe).

[377] NA Coll. Gel. de Jongh (1.10.30), 245, fol. 7r.

dreieinhalb Mahmudi,[378] wobei es sich um möglicherweise importiertes Papier üblicher Qualität handelte. Bei dem für gut einen Mahmudi eingekauften Papier für Notizen[379] könnte es sich hingegen um einheimisches Papier gehandelt haben, das als qualitativ minderwertig galt.[380]

Aus dem Rahmen fällt ein mit 21½ Mahmudi berechneter Posten Papier,[381] den man zusammen mit Tintenpulver für 13 Mahmudi und acht Qazbegi[382] offensichtlich eingekauft hatte, um auf Geschäftsreisen und bei diplomatischen Missionen (*tot verscheijde reijsen*)[383] immer einen ausreichenden Vorrat für Korrespondenz und Rechnungsführung zur Verfügung zu haben. In der Isfahaner Niederlassung konnte Tinte ebenso wie Papier je nach Bedarf nachgekauft werden, wobei die Preise für die eingekaufte Menge zwischen einem,[384] zwei (für ein inländisches Produkt, *Moorsen int*)[385] und fünfeinhalb Mahmudi[386] lagen. In einem Fall wurde für zwei Mahmudi rote Tinte gekauft,[387] die wohl für das Aufsetzen offizieller Schriftstücke gedacht war.[388] Zu den Kosten für das Schreibmaterial kamen noch Ausgaben für Kocher zum Bereiten der Tinte von jeweils einem halben[389] bzw. viereinhalb Mahmudi,[390] von jeweils sechs Mahmudi für ein irdenes[391] und

378 NA Coll. Gel. de Jongh (1.10.30), 244, fol. 12v (zwei Mahmudi); NA Coll. Gel. de Jongh (1.10.30), 244, fol. 9v (drei Mahmudi), NA Coll. Gel. de Jongh (1.10.30), 244, 13r (dreieinhalb Mahmudi).

379 NA Coll. Gel. de Jongh (1.10.30), NA Coll. Gel. de Jongh (1.10.30), 245, fol. 4v (ein Mahmudi und sechs Qazbegi), NA Coll. Gel. de Jongh (1.10.30), 245, fol. 6v (ein Mahmudi).

380 Vgl. Chardin 1811, Bd. 4, 148. Papiermühlen gab in Isfahan in der Vorstadt Ǧubarā Maḥalleh (vgl. Blake 1999, 183).

381 NA Coll. Gel. de Jongh (1.10.30), 244, fol. 3r. Zu Schreibpapier und Schreibzeug allgemein vgl. Blair 2006, 47–62.

382 NA Coll. Gel. de Jongh (1.10.30), 244, fol. 3r.

383 NA Coll. Gel. de Jongh (1.10.30), 244, fol. 3r.

384 NA Coll. Gel. de Jongh (1.10.30), 245, fol. 8r.

385 NA Coll. Gel. de Jongh (1.10.30), 245, fol. 12v.

386 NA Coll. Gel. de Jongh (1.10.30), 244, fol. 5v.

387 NA Coll. Gel. de Jongh (1.10.30), 245, fol. 12v.

388 Vgl. Blair 2006, 440f. Die im Original erhaltenen Dokumente aus Isfahan (wie die Akten der Collectie Geleynssen de Jongh) sind allerdings ausschließlich mit schwarzer Tinte geschrieben.

389 NA Coll. Gel. de Jongh (1.10.30), 245, fol. 8r.

390 NA Coll. Gel. de Jongh (1.10.30), 245, fol. 8v.

391 NA Coll. Gel. de Jongh (1.10.30), 245, fol. 7r.

das Verzinnen eines kupfernen[392] Tintenfasses und von einem Mahmudi für Siegelwachs hinzu.[393] Den Rechnungen zufolge gab man zudem noch vier Qazbegi für Papierleim aus,[394] wobei man, wie erwähnt, Berichte und Bilanzen auswärts zum Binden gab.

Ganz ähnlich wie in der Kanzlei ergab sich auch in der Küche neben den Ausgaben für Nahrungsmittel solche für Utensilien, Geschirr und Besteck. Wie bereits bei den Trinkbechern und Wasserkannen festgestellt,[395] richteten sich die Preise bei den einzelnen Artikeln gleichfalls nach dem verwendeten Material. Ein einfacher landesüblicher[396] hölzerner Holzlöffel (im Dutzend eingekauft) kostete demnach einen Qazbegi,[397] ein irdener Senftopf fünf Qazbegi,[398] ein Sieb und ein Schaumlöffel aus nicht genanntem Material zehn[399] bzw. 15 Qazbegi[400] sowie ein kleiner Trichter einen Mahmudi.[401] Andere Küchenwerkzeuge lagen preislich ungefähr auf gleicher Höhe. Ein Holzhammer „zum Fische klopfen" kostete in der Anschaffung zwei Mahmudi und vier Qazbegi und ein dazugehöriger Ersatzstiel immer noch 14 Qazbegi,[402] während ein stählernes Küchenmesser unbekannter Größe zwischen zwei[403] und drei Mahmudi[404] kostete, wobei als laufende Ausgabe noch einmal sechs Qazbegi für das Schleifen hinzukamen.[405] Zu den teuersten Haushaltsgegenständen gehörten Porzellangefäße sowie Schüsseln, Töp-

---

392 NA Coll. Gel. de Jongh (1.10.30), 245, fol. 4v.

393 NA Coll. Gel. de Jongh (1.10.30), 245, fol. 2r. An anderer Stelle (NA Coll. Gel. de Jongh (1.10.30), 244, 11v) wird für das Nähen eines Geldsacks jeweils ein halber Mahmudi berechnet.

394 NA Coll. Gel. de Jongh (1.10.30), 244, fol. 10v.

395 Vgl. S.60.

396 Vgl. Olearius 1656, 596.

397 NA Coll. Gel. de Jongh (1.10.30), 245, fol. 6v.

398 NA Coll. Gel. de Jongh (1.10.30), 245, fol. 4v.

399 NA Coll. Gel. de Jongh (1.10.30), 245, fol. 11v.

400 NA Coll. Gel. de Jongh (1.10.30), 245, fol. 1v.

401 NA Coll. Gel. de Jongh (1.10.30), 245, fol. 1v.

402 NA Coll. Gel. de Jongh (1.10.30), 244, fol. 11r.

403 NA Coll. Gel. de Jongh (1.10.30), 244, fol. 9v, NA Coll. Gel. de Jongh (1.10.30), 244A, fol. 2r.

404 NA Coll. Gel. de Jongh (1.10.30), 245, fol. 7v.

405 NA Coll. Gel. de Jongh (1.10.30), 245, fol. 11r.

fe und Pfannen aus Kupfer, die erst nach Iran eingeführt werden musste und daher wichtige und begehrte Handelsartikel der VOC waren.[406]

An Porzellan führte die VOC 1643 19.995 Stück „feines" im Wert von 1242 Gulden, neun Stuijvern und acht Penning (2484 Mahmudi und fünf Qazbegi) und 5461 Stück „grobes" Porzellan im Wert von 1242 Gulden, neun Stuijvern und acht Penning (502½ Mahmudi) ein,[407] was einem Stückpreis von acht Mahmudi für das feine und zehn Mahmudi und 16 Qazbegi für das grobe Porzellan entsprach. Für Fertigwaren aus Kupfer (*gemaeckt coperwerck*) ging die Compagnie zu dieser Zeit von einem Marktwert von 18 *Stuijvern* oder zweieinviertel Mahmudi pro Pfund aus.[408] Auf dem Basar in Isfahan lagen die Preise noch einmal um einiges höher, wobei die Niederlassung für eine kupferne Pfanne neuneinviertel Mahmudi,[409] einen großen Löffel achteinviertel[410] und für eine Butterkanne immer noch fünf Mahmudi bezahlte.[411] Beim Kupfergeschirr kam im täglichen Gebrauch noch aus gesundheitlichen Gründen das regelmäßige Verzinnen durch einen *sefid-gar* hinzu,[412] das zwar pro Stück eine billige,[413] bei größeren Mengen jedoch eine aufs Ganze besehen recht kostspielige Dienstleistung darstellte. In den Rechnungsbüchern werden dafür neben kleineren, aber gemessen am Einkommen eines Handwerkers beachtlichen Beträgen von drei oder fünf Mahmudi[414] auch solche von 12 Mahmudi[415] und 13 Mahmudi und acht Qazbegi[416] verzeichnet.

---

406 Im Jahr 1643 etwa verschiffte die VOC 30.000 Pfund ungarisches Kupfer nach Iran, für das ein Verkaufspreis von 50 Mahmudi pro *man* erwartet wurde (NA VOC (1.02.04), 1144, fol. 489v). Vgl. zum Kupferhandel auch FLOOR 2000, 144–147 u. KLEIN 1993/94, 252–59.

407 NA VOC (1.02.04), 1144, fol. 488r.

408 NA VOC (1.02.04), 1144, fol. 502v.

409 NA Coll. Gel. de Jongh (1.10.30), 245, fol. 7v.

410 NA Coll. Gel. de Jongh (1.10.30), 245, fol. 7v.

411 NA Coll. Gel. de Jongh (1.10.30), 245, fol. 7v.

412 Vgl. zu dieser Tätigkeit WULFF 1966, 31, und CHARDIN 1811, Bd. 4, 92f. u. 134ff. Als notwendig wurde das Verzinnen gesehen, um beispielsweise Vergiftungen durch das im Kupfer enthaltene Arsen zu verhindern (vgl. ZEDLER 1732, 1653).

413 Vgl. CHARDIN 1811, Bd. 4, 135, der pro Stück einen Preis von einem *Sol* nennt (was nach dem damaligen Münzfuß von 20 *Sol* pro *Livre* umgerechnet $^{1}/_{20}$ Gulden, d.h. einem *lichten Stuijver* (ab 1655) oder eineinviertel Qazbegi entsprach. Vgl. KAHNT/KNORR 1986, 287 u. Institut voor Nederlandse Geschiedenis 2000, 110).

414 NA Coll. Gel. de Jongh (1.10.30), 245, fol. 2r u. NA Coll. Gel. de Jongh (1.10.30), 244, fol. 9v.

Dass Artikel aus Kupfer allgemein im Preis deutlich über solchen aus Eisen lagen, belegen auch andere Abrechnungen. Für zwei kupferne Kerzenhalter hatte man beispielsweise 15 Mahmudi bezahlen müssen,[417] ein Preis, der weit über den für die Niederlassung beschafften Eisenwaren lag. Artikel, für die nur wenig Material benötigt wurde oder die keine größere Bearbeitung erforderten, lagen durchaus im unteren Preissegment, so etwa bei sechs Qazbegi für eine Packung Nähnadeln[418] oder zehn Qazbegi für eine Kette zur Sicherung des Eingangs zum Packhaus.[419] Eine wohl wesentlich längere Kette für einen Hund[420] kostete dagegen schon zwei Mahmudi und sechs Qazbegi,[421] das entsprach ungefähr dem Preis von zwei Mahmudi und acht Qazbegi für eine (möglicherweise kupferne) Kerzenschere.[422] Zwischen Schmiede- und Schlosserartikeln bestand preislich kein großer Unterschied. Einfache Vorhängeschlösser (z.B. für Reisekoffer) kosteten pro Stück zwischen zwei und zweieinhalb Mahmudi.[423] Ungefähr doppelt so teuer waren die größeren und stabileren Schlösser, mit denen die Packhaustür[424] oder

[415] NA Coll. Gel. de Jongh (1.10.30), 245, fol. 1v.

[416] NA Coll. Gel. de Jongh (1.10.30), 244, fol. 12r.

[417] NA Coll. Gel. de Jongh (1.10.30), 244, fol. 6v.

[418] NA Coll. Gel. de Jongh (1.10.30), 244, fol. 4r. An anderer Stelle wird für eine Nadel ein Preis von vier Qazbegi angegeben (NA Coll. Gel. de Jongh (1.10.30), 245, fol. 6v).

[419] NA Coll. Gel. de Jongh (1.10.30), 244, fol. 5v.

[420] Unklar ist, ob es sich dabei um einen Wachhund oder einen der drei von Geleynssen de Jongh auf dem Weg von Bandar ʿAbbās nach Isfahan in Māhyār für zusammen 15 Mahmudi für die Jagd erworbenen Windhunde handelte (NA Coll. Gel. de Jongh (1.10.30), 246, fol. 4v).

[421] NA Coll. Gel. de Jongh (1.10.30), 244, fol. 3r.

[422] NA Coll. Gel. de Jongh (1.10.30), 244, fol. 3r. Für eine Kerzenschere und mehrere Besen wurden bei anderer Gelegenheit drei Mahmudi und acht Qazbegi ausgegeben (NA Coll. Gel. de Jongh (1.10.30), 245, fol. 11v).

[423] Für jeweils vier solcher Schlösser wurden in Bandar ʿAbbās sechseinviertel Mahmudi (NA Coll. Gel. de Jongh (1.10.30), 244, fol. 5v) und in Isfahan zehn Mahmudi (NA Coll. Gel. de Jongh (1.10.30), 244, fol. 7r) berechnet. Zu Herstellung und Formen solcher Schlösser vgl. WULFF 1966, 66–72.

[424] Zur Sicherung des Packhauses hatte man drei Schlösser angeschafft, die zusammen knapp zehn Mahmudi, im Schnitt also drei Mahmudi und sechs Qazbegi pro Schloss kosteten (NA Coll. Gel. de Jongh (1.10.30), 244, fol. 10v).

Geldkisten gesichert wurden.[425] Für den dazugehörigen Schlüssel konnten noch einmal einige Qazbegi hinzukommen.[426]

Verglichen damit erscheinen Handwerkszeuge aus Eisen recht kostspielig. Eine Axt kostete in der Anschaffung dreieinviertel Mahmudi,[427] eine Gartenschaufel dreieinhalb Mahmudi,[428] ein neuer Stiel dafür zwischen zehn und 14 Qazbegi[429] und eine Säge für den Gebrauch im Garten zweieinviertel Mahmudi.[430] Über Vorhandensein und Kosten für Haushaltsartikel aus anderen Materialien fehlen genauere Angaben weitgehend. Die Siebe für Stroh und Getreide und die Messscheffel für Getreide, die zum Gebrauch in den Stallungen beschafft wurden,[431] bestanden aus Holz, Darm und Leder[432] und waren zu relativ niedrigen Preisen erhältlich. Genannt wird ferner noch ein lederner Wassereimer für das Tränken der Pferde zum Preis von achteinhalb Mahmudi samt dem dazugehörigen Seil für vier Mahmudi.[433]

Über die Preise von Schuhwerk und Textilien, von denen die letzteren eines der wichtigsten Handelsgüter der VOC für den iranischen Markt bildete,[434] finden sich in den Rechnungsbüchern bemerkenswerterweise kaum Angaben. Hinsichtlich der Frage, wie viel ein Handwerker oder Arbeiter zu dieser Zeit für Schuhe und Bekleidung ausgeben musste, findet sich als einziger konkreter Hinweis die Notiz über ein Paar Schuhe und Strümpfe, die Claes Adriaen einem Kurier in Diensten der Compagnie für acht Mahmudi

---

425 Für ein solches Schloss wurde viereinviertel Mahmudi berechnet (NA Coll. Gel. de Jongh (1.10.30), 244, fol. 11v).

426 Genannt werden an einer Stelle zehn Qazbegi für zwei Schlüssel (NA Coll. Gel. de Jongh (1.10.30), 245, fol. 5r).

427 NA Coll. Gel. de Jongh (1.10.30), 245, fol. 14r.

428 NA Coll. Gel. de Jongh (1.10.30), 244, fol. 4r.

429 NA Coll. Gel. de Jongh (1.10.30), 244, fol. 9r, 245, fol. 14r.

430 NA Coll. Gel. de Jongh (1.10.30), 244, fol. 9v.

431 Im Einzelnen ein Strohsieb zu einem Mahmudi und vier Qazbegi (NA Coll. Gel. de Jongh (1.10.30), 244, fol. 2v), ein Getreidesieb zu 14 Qazbegi (244, fol. 6v), ein Getreidemaß zu einem halben Mahmudi (NA Coll. Gel. de Jongh (1.10.30), 244, fol. 10r) sowie ein Sieb und Getreidemaß für zusammen anderthalb Mahmudi (NA Coll. Gel. de Jongh (1.10.30), 245, fol. 8r). Für die Stallungen fielen darüber hinaus an Beleuchtungskosten für den Zeitraum von 47 Tagen 30 Mahmudi für Öl an (NA Coll. Gel. de Jongh (1.10.30), 244, 7v).

432 Vgl. WULFF 1966, 243ff.

433 NA Coll. Gel. de Jongh (1.10.30), 244, fol. 6v.

434 Vgl. FLOOR 2000, 150–155.

hatte anfertigen lassen.[435] Die Kosten für Kleidung lassen sich noch schwerer bestimmen, da nur an wenigen Stellen die Textilpreise anstatt nach Gewicht und Verpackungseinheit nach der Länge bemessen wurden. In Schiraz erwarb man einmal sechs Ellen (von je 69 cm)[436] Leinwand nicht genannter Herkunft und Qualität für anderthalb Mahmudi.[437] Aus Europa eingeführte Textilien waren erheblich teurer. Grobes Tuch (*dootij*)[438] und Wachstuch, die vor allem als Verpackungsmaterial dienten, kosteten pro *gaz* (ca. 95 cm)[439] bereits zwölfeinhalb bzw. 15 Qazbegi,[440] während gefärbte holländische Wollstoffe bei Preisen zwischen sechs und acht Gulden (umgerechnet 36 bis 48 Mahmudi) bereits so kostbar waren, dass sie höfischen Würdenträgern als Geschenk überreicht wurden[441]. Angesichts dessen ist anzunehmen, dass Kleidungsstücke über lange Zeit getragen und nur neu gekauft wurden, wenn sich dies als notwendig erwies. Dementsprechend machten Kleidung und Schuhwerk an den jährlichen Ausgaben eines Haushalts nur einen geringen Teil aus.[442] Wenn dabei FRYER die schlichte Kleidung der Landbevölkerung hervorhob[443] und CHARDIN berichtet, dass diese vorwiegend aus Kamel- und Ziegenhaar hergestellt war,[444] so kann es um die Bekleidung der städtischen

---

[435] NA Coll. Gel. de Jongh (1.10.30), 244A, fol. 4v. Wie lange diese hielten, und wie oft sie ersetzt werden mussten, ist gleichfalls nicht zu klären. Im damaligen Damaskus galten Schuhe allerdings als ein billiges Verbrauchsgut (vgl. GREHAN 2007, 209f.). Bei dem in Adriaens Abrechnung verzeichneten Betrag erübrigt sich fast schon der Hinweis, dass Geleynssen de Jongh es ablehnte, auch diese Ausgaben durch die Compagnie übernehmen zu lassen (NA Coll. Gel. de Jongh (1.10.30), 244, fol. 10r).

[436] Aus den Abrechnung geht nicht hervor, ob es sich um die indische Elle von ca. 70 cm (vgl. Institut voor Nederlandse Geschiedenis 2000, 32f.) oder um die Isfahaner Elle (*ẕar'-e Esfahān*) von knapp 80 cm (vgl. HINZ 1970, 64) handelte.

[437] NA Coll. Gel. de Jongh (1.10.30), 244, fol. 2r. Vermutlich handelte es sich um in Fārs oder Lāristān gefertigtes Tuch. Zur dortigen Textilproduktion vgl. NA Coll. Gel. de Jongh (1.10.30), 141, fol. 72r.

[438] Vgl. Institut voor Nederlandse Geschiedenis 2000, 40.

[439] Vgl. Institut voor Nederlandse Geschiedenis 2000, 48.

[440] NA Coll. Gel. de Jongh (1.10.30), 245, fol. 2v-3r.

[441] NA Coll. Gel. de Jongh (1.10.30), 245, fol. 9v-10r u. 13r. Daneben gab es andere Sorten, die pro Elle drei Gulden und 15 Stuijver (ca. 20 Mahmudi) kosteten und gewöhnlich Beamten niederen Ranges verehrt wurden (NA Coll. Gel. de Jongh (1.10.30), 245, fol. 9v-10r u. 13r).

[442] Für das damalige Damaskus wird von einem Anteil von fünf bis zehn Prozent der jährlichen Ausgaben ausgegangen (vgl. GREHAN 2007, 210).

[443] Vgl. FRYER 1698, 392.

[444] Vgl. CHARDIN 1811, Bd. 4, 154f.

Einwohner angesichts der Preise für Stoffe guter Qualität nicht viel besser bestellt gewesen sein (wobei die Ausgaben für den Schneider noch nicht einmal berücksichtigt sind). Nicht zuletzt deswegen nennt CHARDIN, neben einer großen Zahl von Domestiken und prachtvollen Zaumzeugen teure Kleidung als eines der wichtigen Statussymbole eines vornehmen Iraners.[445] An Stoffen und Textilien nicht sparen zu müssen, war demnach eine Frage des sozialen Prestiges,[446] und entsprechend betrieb man in der Isfahaner Niederlassung einen erheblichen finanziellen Aufwand, um für die bereits erwähnten Bankette die Tafel mit Tischdecken und Servietten zu versehen. Für Tischdecken aus Baumwollstoff wurden dafür 34 Mahmudi,[447] für solche aus Leinen samt Servietten 22½ Mahmudi ausgegeben[448]. Wie viel Stoff dabei jeweils vernäht wurde, und ob das billigere Leinen in Iran selbst hergestellt war oder importiert war, geht aus den Aufzeichnungen allerdings ebenso wenig hervor wie die Qualität der verwendeten Stoffe. Genaue Mengenangaben finden sich nur an zwei Stellen, so etwa aus Isfahan über zehn *gaz* Jutestoff, den man zum Preis von sechs Mahmudi und 16 Qazbegi zum Nähen von Geldsäcken beschafft hatte[449] (was pro *gaz* einem Preis von ungefähr 13½ Qazbegi entsprach). An anderer Stelle ist an Ausgaben für zehn *cobido* (Ellen) Jutestoff für denselben Zweck ein Betrag von vier Mahmudi vermerkt,[450] wobei jedoch über Art und Menge des Stoffs keine Angaben gemacht wurden. In derselben Tabelle wird für das verwendete Nähgarn ein Preis von einem Mahmudi und neun Qazbegi für ein dreiviertel *man* genannt,[451] womit ein *man* knapp zwei Mahmudi gekostet haben dürfte.

Setzt man die oben genannten laufenden Ausgaben für den Haushalt (wie in einigen Punkten bereits geschehen) in Bezug zum Einkommen eines Handwerkers oder Handwerksgehilfen, ergibt sich insgesamt ein ähnliches Bild wie bei den Lebensmittelpreisen. Zu den Ausgaben für das tägliche Brot kamen, neben der Beleuchtung, noch solche für Hausrat und Kleidung hinzu. Angesichts der niedrigen Preise für Ton- und Flechtwaren, die wohl

---

445 Vgl. CHARDIN 1811, Bd. 4, 22.

446 Wie die Ausführungen von GREHAN zeigen, war dies nicht nur in Iran, sondern auch in anderen Teilen Westasiens der Fall (vgl. GREHAN 2007, 192ff.).

447 NA Coll. Gel. de Jongh (1.10.30), 245, fol. 7v.

448 NA Coll. Gel. de Jongh (1.10.30), 244, fol. 9v, NA Coll. Gel. de Jongh (1.10.30), 244A, fol. 6v.

449 NA Coll. Gel. de Jongh (1.10.30), 245, fol. 8r.

450 NA Coll. Gel. de Jongh (1.10.30), 245, fol. 6v.

451 NA Coll. Gel. de Jongh (1.10.30), 245, fol. 6v.

auch für den niedrigsten Tagelöhner erschwinglich waren, kann man annehmen, dass diese bereits in großen Mengen hergestellt wurden, da der Verkauf zum Stückpreis den Erzeugern kaum ein zum Leben ausreichendes Einkommen verschafft hätte. Bei den wesentlich teureren Metallwaren fällt auf, dass sich die höheren Preise vor allem aus dem jeweils verwendeten Material ergaben, da für eine vergleichsweise einfach herzustellende Schaufel[452] nahezu der gleiche Preis angegeben wurde wie für ein technisch wesentlich aufwendigeres Vorhängeschloss.[453] Auch bei den leicht um das Doppelte oder Dreifache höheren Preisen für Kochgeschirr aus Kupfer dürfte der Wert des aus Übersee eingeführten Materials ausschlaggebend gewesen sein. Angesichts des Umstandes, dass der Anschaffungspreis für eine kupferne Pfanne bereits bei fast zehn Mahmudi lag,[454] dürften derartige Gerätschaften im Haus eines Handwerkers sorgfältig gehütete und gepflegte Prunkstücke dargestellt haben, bei denen zum hohen Einkaufspreis noch der ständige Aufwand des Verzinnens hinzukam. Wie am Beispiel der Schaufel ersichtlich, kosteten Werkzeuge wie Zangen oder Sägen genauso viel wie Küchen- und andere Haushaltsgerätschaften. Überschlägt man nun die angegebenen Preise mit den Löhnen, so bleibt festzustellen, dass etwa der von Claes Adriaens angestellte Gartenarbeiter beinahe den Gegenwert eines Wochenlohns hätte bezahlen müssen, um sich das für seine Tätigkeit erforderliche Handwerkszeug selbst zuzulegen. Mit demselben Dilemma waren auch Gesellen und Tagelöhner in anderen Arbeitsbereichen konfrontiert. Für einen Handwerksmeister bedeuteten neue Werkzeuge gleichfalls eine Investition, die an anderer Stelle möglicherweise wieder eingespart werden musste. Wie am Beispiel der Gartengeräte gesehen, konnte auch die Reparatur eines Werkzeugs einen Betrag ergeben, der dem Tageslohn eines Lastenträgers entsprach und von demjenigen eines Gesellen nur wenig zum Leben übrig ließ. Wie viel im Gegenzug ein Grob- oder Kupferschmied an den von ihm verfertigten Artikeln im einzelnen verdiente, lässt sich aufgrund der fehlenden Angaben zu den Material- und Herstellungskosten nicht ermitteln.

Nur vermuten können wir schließlich, welchen Anteil an den Lebenshaltungskosten Schuhwerk und Bekleidung ausmachten. Wenn, wie das einzige erwähnte Beispiel schließen lässt, der Wert eines neuen Paars Schuhe und Strümpfe bereits dem Wochenlohn eines Bauarbeiters entsprach, muss man

---

[452] Vgl. WULFF 1966, 48–53, ebenda auf 53 auch Bespiele traditioneller Schaufeltypen.

[453] Vgl. WULFF 1966, 69–72, mit mehreren Bildbeispielen.

[454] Vgl. S.64.

davon ausgehen, dass Kleidung im allgemeinen überaus teuer war und beschädigte Kleider und Schuhe, ganz so wie Werkzeuge und Hausgeräte, statt ersetzt zu werden so lange wie möglich repariert wurden.

5. Bauarbeiten und Reparaturen

Ein fester Kostenfaktor für die Niederlassungen der VOC in Iran waren neben den Gehältern von Angestellten und einheimischen Arbeitskräften und den Ausgaben für den Haushalt die immer wieder anfallenden Reparaturen an den Gebäuden. In den Abrechnungen nahmen diese insofern einen wichtigen Platz ein, als Bauarbeiten und Renovierungen besonders arbeits- und kostenintensiv waren. So waren von den einheimischen Arbeitskräften, deren Dienste die Compagnie in Anspruch nahm, die Bauarbeiter und Zimmerleute die meist genannten und auch die am besten bezahlten. Hinzu kamen noch die notwendigen Ausgaben für das meist in großen Mengen verbrauchte Baumaterial.

Was die dabei verrichteten Arbeiten betraf, war besonders bei den Tätigkeiten der Zimmerleute eine klare Trennung zwischen Hausbau und Ausstattung des Hauses nicht gegeben. Ein iranischer Zimmermann dieser Zeit wurde sowohl für das Verfertigen von Türen und Fenstern als auch für das Anfertigen von Mobiliar engagiert – nicht zuletzt deswegen, weil es von einigen Truhen abgesehen in iranischen Häusern zur damaligen Zeit keine Möbel im modernen Sinne gab.[455] Da die Niederländer ihrerseits auch in Asien nicht auf die gewohnte Einrichtung ihrer Wohn- und Arbeitsräume verzichten mochten, ließen sie die erforderlichen Möbel vor Ort fertigen. Für die Niederlassung der Compagnie in Isfahan wurden im durch die Rechnungsbücher abgedeckten Zeitraum drei Stühle für insgesamt drei Mahmudi und zwei Qazbegi,[456] ein Schreibpult für sechs Mahmudi,[457] ein Tisch für 13 Mahmudi[458] sowie ein Schreibtisch für 16 Mahmudi[459] angeschafft. In den jeweiligen Preisen waren dabei die Kosten für Material und Anfertigung bereits eingeschlossen. In Schiraz hatte man für das dortige Logis, ebenfalls einschließlich Material und Anfertigung, einen Tisch für viereinhalb

[455] Vgl. Chardin 1811, Bd. 4, 18ff.
[456] NA Coll. Gel. de Jongh (1.10.30), 245, fol. 11r.
[457] NA Coll. Gel. de Jongh (1.10.30), 244, fol. 8r.
[458] NA Coll. Gel. de Jongh (1.10.30), 245, fol. 8r.
[459] NA Coll. Gel. de Jongh (1.10.30), 244, fol. 12r.

Mahmudi erworben.[460] Dass für die Fertigung eines Tisches zwei Mahmudi und zwei Qazbegi für die benötigten Nägel und zwei Mahmudi für die Anfertigung berechnet wurden,[461] die Herstellungskosten also nur einen geringen Teil des Gesamtpreises ausmachten, liefert zudem einen Hinweis darauf, dass im Gegensatz zum Brennholz gutes, zum Schreinern geeignetes Holz in Isfahan schwer zu bekommen war und zu entsprechend hohen Preisen erworben werden musste.[462] Dass sie die entsprechenden Möbel offensichtlich zur Zufriedenheit ihrer ausländischen Kunden herstellen konnten, spricht indes für das von CHARDIN[463] gerühmte Können und den Einfallsreichtum der iranischen Handwerker.

Zu den Tätigkeiten der Zimmerleute gehörte auch der Bau einer großen Waage für das Packhaus, der bereits mit einem hohen Aufwand an Arbeit und Material verbunden war. Neben Lohnkosten im Umfang von zwölf Mahmudi für zwei Zimmerleute[464] fielen noch einmal 38 Mahmudi und sechs Qazbegi für das benötigte Material an.[465] Sonst wurde die Arbeit von Zimmerleuten in erster Linie für den Bau von Türen, Toreingängen und Geländern benötigt, was sich aus der Architektur der gewöhnlich fast gänzlich aus Lehm und Ziegeln erbauten iranischen Häuser erklärte.[466]

Europäische Beobachter beschreiben die im damaligen Iran übliche Bauweise als ebenso einfach wie kostengünstig.[467] Anfallende Reparaturen und Renovierungsarbeiten an den Gebäuden der Niederlassungen in Isfahan und Bandar ʿAbbās machten dessen ungeachtet einen beträchtlichen Teil der in den Rechnungsbüchern verzeichneten Unterhaltskosten aus.

[460] NA Coll. Gel. de Jongh (1.10.30), 244, fol. 2r.

[461] NA Coll. Gel. de Jongh (1.10.30), 244, fol. 11r.

[462] Auch CHARDIN berichtete, dass, ähnlich wie in Europa, wo es gewöhnlich aus Norwegen importiert wurde, Stammholz aus den kaspischen Provinzen nach Isfahan gebracht wurde (Vgl. CHARDIN 1811, Bd. 4, 127).

[463] Vgl. CHARDIN 1811, Bd. 4, 127.

[464] NA Coll. Gel. de Jongh (1.10.30), 244, fol. 12v, vgl. auch 15.

[465] Zusammen vier Mahmudi für Holz, sechs Mahmudi und 18 Qazbegi für Nägel, 25 Mahmudi und zwölf Qazbegi für Ketten, vier Mahmudi für Tauwerk, ein Mahmudi für Halteringe und 16 Qazbegi für Leder (NA Coll. Gel. de Jongh (1.10.30), 245, fol. 12v-13r).

[466] Eine detaillierte Beschreibung der Bauweise iranischer Häuser zur Safavidenzeit bieten CHARDIN 1811, Bd. 4, 110ff. u. THEVENOT 1674, 159–163.

[467] Vgl. CHARDIN 1811, Bd. 4, 112.

Allein im Jahr 1641 war in Isfahan u.a. eine Reparatur des Toreingangs erforderlich geworden, die insgesamt 274½ Mahmudi kostete.[468] Weitere Reparaturarbeiten betrafen den Wiederaufbau einer eingestürzten Gartenmauer zu einem Betrag von 160 Mahmudi,[469] Reparaturarbeiten an Vorratskammer und Lagerhaus zu 69 Mahmudi,[470] am Dach des Lagerhauses sowie in der Küche.[471] Hinzu kamen schliesslich noch 258 Mahmudi und 15 Qazbegi für den Bau einer gemauerten Krippe im Pferdestall und mehrere nicht näher benannte Reparaturen.[472]

Im folgenden Jahr fielen Ausgaben von zusammen 200 Mahmudi und 15 Qazbegi für Reparaturen an Pferdestall und Zisterne,[473] von 57¼ Mahmudi für Reparaturen an der Wasserleitung, von 27½ Mahmudi für die Wiedererrichtung einer eingestürzten Gartenmauer sowie 575¼ Mahmudi für das Pflastern des Hofs vor dem Lagerhaus an, im letzteren Fall mit der Begründung, dadurch nicht weiterhin die eingekaufte Seide inmitten von Schlamm und Pfützen abpacken zu müssen[474]. Hinzu kamen 110 Mahmudi für das Einziehen eines Steinfußbodens in der Kanzlei[475] und 266 Mahmudi und 15 Qazbegi für den Bau einer Art Tresorraum (*tot opmaecken van en gelt cas*), für den merkwürdigerweise zwar 14 Eselslasten[476] Kalk, dazu Holz und Eisenwerk und die Löhne für fünf Maurer und Handlanger, aber keine verbauten Ziegel berechnet wurden.[477]

Für die Niederlassung in Bandar ʿAbbās summierten sich für den Zeitraum vom Juli bis November 1641 die Ausgaben für notwendig gewordene Bauarbeiten auf insgesamt 563 Mahmudi und fünf Qazbegi.[478] Als Erkenntnis lässt sich zunächst festhalten, dass offensichtlich die Gebäude der Niederlassung der ständigen Instandhaltung bedurften, und die sich daraus ergebenden Bauarbeiten neben den Gehältern der Bediensteten und den Ausgaben für Küche und Haushalt einen weiteren Kostenfaktor bildeten.

---

468 NA Coll. Gel. de Jongh (1.10.30), 244, fol. 11v.
469 NA Coll. Gel. de Jongh (1.10.30), 244, fol. 11v.
470 NA Coll. Gel. de Jongh (1.10.30), 244, fol. 11v.
471 NA Coll. Gel. de Jongh (1.10.30), 244, fol. 13r.
472 NA Coll. Gel. de Jongh (1.10.30), 244, fol. 9r.
473 NA Coll. Gel. de Jongh (1.10.30), 245, fol. 2r.
474 NA Coll. Gel. de Jongh (1.10.30), 245, fol. 11v.
475 NA Coll. Gel. de Jongh (1.10.30), 245, fol. 5r–5v.
476 Eine Eselslast (*ḫarvār*) entsprach 100 *man-e Tabrīzī* = 288 kg (HINZ 1970, 14).
477 NA Coll. Gel. de Jongh (1.10.30), 245, fol. 5v-6r.
478 NA Coll. Gel. de Jongh (1.10.30), 244, fol. 5v.

Einen erheblichen Teil der Ausgaben machten dabei allerdings die an die ausführenden Handwerker gezahlten Gehälter aus, wobei der entsprechende Anteil jedoch je nach Umfang und Dauer der Bauarbeiten, dem Personalbedarf und der Art und Menge des benötigten Materials recht unterschiedlich ausfallen konnte. So lag beispielsweise bei der Reparatur des Torhauses und der gleichzeitig reparierten Gartenmauer, bei einer Arbeitsdauer von gut einer Woche und bei einem halben Dutzend Beschäftigten, ebenso wie beim Einziehen des neuen Fußbodens in der Kanzlei, der Anteil der Personalkosten bei ungefähr die Hälfte der Gesamtausgaben aus.[479] Hingegen bildeten die Lohnkosten bei der Renovierung von Zisterne und Wasserleitung ein Drittel,[480] bei der Reparatur des Lagerdachs (drei Arbeiter, zwölf Tage) und dem Pflastern des Hofs vor dem Lagerhaus (vier Arbeiter, 20 Tage) knapp ein Viertel[481] der Ausgaben. Bei den Reparaturen an der Niederlassung in Bandar ʿAbbās schließlich, die mit insgesamt 30 Arbeitstagen, zwölf Beschäftigten und einem ansehnlichen Bedarf an Baumaterial nicht geringfügig gewesen sein dürften, machten die Löhne der dafür engagierten Handwerker ein Drittel der Kosten aus.[482] Insgesamt ist jedoch ein erheblicher Anteil der gezahlten Löhne an den Gesamtkosten festzustellen, was einmal mehr auf eine begrenzte Verfügbarkeit von (qualifizierter) Arbeitskraft im safavidischen Iran schließen lässt.

Unter den verwendeten Baustoffen bildeten ungebrannte Ziegel (*ḫešt*) das billigste Material, denn sie ließen sich vor Ort ohne großen Aufwand herstellen.[483] Der für Isfahan angegebene, an sich nicht allzu hohe Einkaufspreis von eineinfünftel bis anderthalb Mahmudi für hundert Stück[484] relativierte sich allerdings durch die benötigte Menge.[485] In Bandar ʿAbbās war dieselbe

[479] NA Coll. Gel. de Jongh (1.10.30), 244, fol. 11v u. NA Coll. Gel. de Jongh (1.10.30), 245, fol. 5v. Ein ähnliches Verhältnis ergab sich für den Bau der Futterkrippe im Jahr 1641 (NA Coll. Gel. de Jongh (1.10.30), 244, fol. 9v), sowie der Reparatur der Gartenmauer und der Zisterne und des Pferdestalls (bei sieben Maurern und neun Tagen Arbeit) im Sommer 1642 (NA Coll. Gel. de Jongh (1.10.30), 245, fol. 2r u. fol. 5v).

[480] NA Coll. Gel. de Jongh (1.10.30), 245, fol. 5r–5v.

[481] NA Coll. Gel. de Jongh (1.10.30), 244, fol. 13r. u. 245, fol. 11v.

[482] NA Coll. Gel. de Jongh (1.10.30), 244, fol. 5v.

[483] Vgl. WULFF 1966, 109.

[484] NA Coll. Gel. de Jongh (1.10.30), 244, fol. 11v.

[485] Bei den angefallenen Reparaturen der Gartenmauer wurden jeweils 4675 (NA Coll. Gel. de Jongh (1.10.30), 244, fol. 11v) bzw. 600 Stück (245, fol. 5v) dieser Steine verbaut, deren Einkaufspreis von insgesamt 55½ Mahmudi bzw. neun Mahmudi in beiden Fällen ein Drittel der gesamten Reparaturkosten ergab.

Anzahl Ziegel der Abrechnung zufolge bereits für fünf Qazbegi zu haben, von solchen Ziegeln wurden dort ebenfalls 3000 Stück verbaut.[486] Für Zisternen,[487] das Pflastern von Eingängen, Höfen und Fußböden, oder auch für das Dach des Packhauses verwendete man aufgrund ihrer längeren Haltbarkeit und größeren Witterungsbeständigkeit gebrannte Ziegel (*āğor*), die aufgrund der aufwendigen Herstellung und des damit verbundenen Verbrauchs an Brennmaterial[488] wesentlich teurer waren. Für das Pflaster im Toreingang hatte man solche Ziegel für vier Mahmudi zu 100 Stück erwerben können,[489] in anderen Rechnungen werden für dieselbe Menge durchweg neun Mahmudi angegeben.[490] Feldsteine, die v.a. für den Bau von Fundamenten verwendet wurden,[491] fanden bei den angegebenen Bauarbeiten, die ja in erster Linie Reparaturen waren, gewöhnlich keine Verwendung. Eine Ausnahme bildeten auch hier die Arbeiten an der VOC-Niederlassung in Bandar ʿAbbās, für die man 2110 solcher Steine aus Hormuz, möglicherweise aus den Ruinen der alten portugiesischen Festung, herbeigeschafft hatte. Mit zwei Mahmudi pro 100 Stück[492] lag der Preis solcher Steine jedoch um ein vielfaches höher als derjenige für einfache Ziegel.

Der für den Bau von Mauern und Dachgewölben benötigte Mörtel wurde vermutlich aus dem vor Ort vorhandenen Erdboden gewonnen und erforderte, neben der benötigten Arbeitskraft,[493] als Beimengung noch Häcksel in größerer Menge. Darauf lässt jedenfalls der an mehreren Stellen angegebene Betrag von vier Mahmudi schließen,[494] während eine *carge* Stroh (umgerechnet 212 kg) auf dem Markt zwischen zwei Mahmudi und 15 Qazbegi

---

486 NA Coll. Gel. de Jongh (1.10.30), 244, fol. 5v.

487 NA Coll. Gel. de Jongh (1.10.30), 246A, fol. 2v.

488 Vgl. WULFF 1966, 112f.

489 NA Coll. Gel. de Jongh (1.10.30), 244, fol. 11v.

490 NA Coll. Gel. de Jongh (1.10.30), 244, fol. 13r, 245, 5r–5v, NA Coll. Gel. de Jongh (1.10.30), 246A, fol. 2v.

491 Vgl. WULFF 1966, 109–112 u. 115ff.

492 NA Coll. Gel. de Jongh (1.10.30), 244, fol. 5v.

493 Nach NA Coll. Gel. de Jongh (1.10.30), 244, fol. 9r, entfielen mit 61 Mahmudi und 16 Qazbegi ein Viertel der Gesamtausgaben von 258¾ Mahmudi auf diese Aufgabe (*aen arbeyders die de claij toe maeck*[en] *om te metselen*).

494 NA Coll. Gel. de Jongh (1.10.30), 244, fol. 11v u. NA Coll. Gel. de Jongh (1.10.30), 245, fol. 2v.

und dreieinhalb Mahmudi kostete.[495] In großer Menge verbraucht wurde bei den Bauarbeiten allerdings Kalk, mit dem die Wände abschließend zum Schutz gegen die Witterung bestrichen wurden.[496] Bei der Reparatur des Haupttores wurden zu diesem Zweck (*tot oppenen & bestrijcken van (de) poort*) beinahe hundert *cargen* zu Preisen zwischen einem und eineinviertel Mahmudi pro *carge*, d.h. zu einem Gesamtwert von 97 Mahmudi und vier Qazbegi,[497] und beim Bau der Krippe 60 *cargen* zum Verputz (*plijster kalck*) für gut einen Mahmudi pro *carge* und einem Gesamtpreis von 63½ Mahmudi eingekauft.[498] An Kalk wurden für andere Bauarbeiten zum jeweiligen Preis von 25¹/₅ Mahmudi und 18 Mahmudi geringere Mengen von 21 bzw. 15 *cargen* beschafft, für die pro *carge* ein vergleichbarer Preis von eineinfünftel Mahmudi genannt wird.[499] Im Verhältnis zu den Preisen für Lebensmittel oder Handwerksprodukte erscheint ein solcher Betrag in Anbetracht des berechneten Gewichts gering; angesichts der benötigten Mengen wurde der verbrauchte Mörtel allerdings bei den Bauarbeiten zu einem erheblichen Kostenfaktor. Bei der Reparatur des Lagerhausdachs betrugen die Ausgaben für Mörtel gut 12,5 Prozent der Gesamtkosten, bei den Arbeiten an der Krippe jedoch bereits 25 Prozent, bei der Renovierung des Torbaus 24 Prozent und bei der Reparatur der Zisterne schließlich 45 Prozent.[500]

Andere Baumaterialien, die in geringerer Menge gebraucht wurden, fielen dagegen auch preislich weniger ins Gewicht. Weißkalk etwa, bei dem es sich vermutlich um eine talkähnliche Masse handelte,[501] war im Einkauf mit

[495] NA Coll. Gel. de Jongh (1.10.30), 244A, fol. 34 (dreieinhalb Mahmudi), NA Coll. Gel. de Jongh (1.10.30), 244A, fol. 6r (drei Mahmudi) u. NA Coll. Gel. de Jongh (1.10.30), 244A, 7r (zweidreiviertel Mahmudi).

[496] Vgl. THEVENOT 1674, 163 u. WULFF 1966, 125f. Ein entsprechender Verputz im Inneren von Gebäuden, besonders im Lagerhaus, wurde zudem als bester Schutz gegen Feuchtigkeit und Ungeziefer betrachtet und zu diesem Zweck (*tot packhuys te bestrycken voor rotten & ongedierte*) für zwei Mahmudi eine Menge von ca. 70 kg Kalk beschafft (NA Coll. Gel. de Jongh (1.10.30), 244, fol. 10v).

[497] Davon 73 *cargen* zu einem, vier *cargen* zu eineinfüntel und 16 *cargen* zu eineinviertel Mahmudi, NA Coll. Gel. de Jongh (1.10.30), 244, fol. 11v.

[498] NA Coll. Gel. de Jongh (1.10.30), 244, fol. 9r.

[499] NA Coll. Gel. de Jongh (1.10.30), 245, fol. 5v u. NA Coll. Gel. de Jongh (1.10.30), 244, fol. 13r.

[500] In den Abrechnungen verzeichnet ist allerdings auch der Einkauf einer geringen Menge für vier Qazbegi, um einige in der Wand entstandene Risse auszubessern (NA Coll. Gel. de Jongh (1.10.30), 244, fol. 10v).

[501] Vgl. WULFF 1966, 125ff. u. CHARDIN 1811, Bd. 4, 113.

einem Preis zwischen sieben Qazbegi[502] und einem Mahmudi und zwölf Qazbegi pro *man-e šāhī*[503] ein kostspieliges Spezialprodukt, das allerdings nur in vergleichsweise geringen Mengen benötigt wurde – als größter Bedarf werden 20 *man* zu acht Mahmudi,[504] als geringster zwei *man* zu einem Mahmudi und zwölf Qazbegi[505] genannt. Ähnlich verhielt es sich bei den Materialien für den Zisternenbau, für den außer Steinen und Mörtel auch eine Art Zement (*āhak-siyah*) verwendet wurde. Als teuerster Baustoff wurden hier zwei *man-e šāhī* Schmiere zum Abdichten angeführt,[506] bei denen sich der recht hohe Preis von zusammen 16 Mahmudi vermutlich auf die Herstellung aus tierischen Produkten zurückführen ließ (dabei ließe sich etwa an die entsprechenden Preise für Butter und Wachskerzen denken). Günstiger kam ein für denselben Zweck verwendeter Posten Eier für vier Mahmudi,[507] wobei leider auch hier die genaue Anzahl nicht genannt wurde. Die bereits bei CHARDIN beschriebenen[508] Grundstoffe für die Zementherstellung, Asche[509] und Binsensamen (*lū'ī*), waren dagegen wesentlich günstiger zu beschaffen. Eine Eselslast Asche war bereits für sechs[510] bis acht Qazbegi[511] zu bekommen, so dass im ersteren Fall 14 *cargen* zusammen vier einfünftel Mahmudi kosteten. Die als Bindemittel verwendeten Binsensamen waren an sich recht teuer, bei der benötigten Menge von zwei *man-e šāhī* fiel

502 NA Coll. Gel. de Jongh (1.10.30), 245, fol. 5v.

503 NA Coll. Gel. de Jongh (1.10.30), 244, fol. 9r. Für die Reparatur des Torbaus wurden vier *man* zum Preis von eineinfünftel Mahmudi pro *man* eingekauft (244, 11v). Bei den 60 bzw. 20 *man-e šāhī* „Kalk“, die zum Preis von sieben bzw. acht Qazbegi pro man für die Reparatur an den Zisternen beschafft wurden, (NA Coll. Gel. de Jongh (1.10.30), 245, fol. 2r u. 246A, fol. 2v), dürfte es sich angesichts von Preis und Menge ebenfalls um Weißkalk gehandelt haben.

504 NA Coll. Gel. de Jongh (1.10.30), 245, fol. 5v u. NA Coll. Gel. de Jongh (1.10.30), 246A, fol. 2v. Eine Ausnahme bildet allerdings die Reparatur an der Zisterne im Juli 1642, für die 60 *man* zu einem Preis von 21 Mahmudi verwendet wurden (NA Coll. Gel. de Jongh (1.10.30), 245, fol. 2v).

505 NA Coll. Gel. de Jongh (1.10.30), 244, fol. 9r. Bei den Arbeiten am Haupttor wurden vier *man* zu vier Mahmudi und 16 Qazbegi benötigt (NA Coll. Gel. de Jongh (1.10.30), 244, fol. 11v).

506 NA Coll. Gel. de Jongh (1.10.30), 245, fol. 2r.

507 NA Coll. Gel. de Jongh (1.10.30), 245, fol. 2r.

508 Vgl. CHARDIN 1811, Bd. 4, 121f.

509 Verwendet wegen der darin enthaltenen Kieselerde (vgl. POLAK 1865, Bd. 1, 68).

510 NA Coll. Gel. de Jongh (1.10.30), 245, fol. 2r.

511 NA Coll. Gel. de Jongh (1.10.30), 245, fol. 5r–5v.

der entsprechende Preis von drei Mahmudi und 15 Qazbegi angesichts der Gesamtkosten von gut 200 Mahmudi jedoch kaum ins Gewicht.[512]

An Baumaterialien im weiteren Sinne wären schließlich noch Glas und Eisen zu nennen, deren Preise ungefähr denen anderer Haushaltsgegenstände entsprach. Glas von besserer Qualität musste ähnlich wie Kupfer importiert werden und war infolgedessen recht teuer.[513] Dementsprechend kosteten Glaseinsätze, die als Lichtspender im Dach des Lagerhauses dienten, pro Stück acht Qazbegi, was bei insgesamt 42 abgedeckten Öffnungen einen Gesamtpreis von immerhin 18 Mahmudi und 16 Qazbegi ergab.[514] Preiswerter waren im Vergleich dazu die für die Türen des Tresorraums angefertigten Eisenarbeiten; Beschläge, Scharniere, Türgriffe und Riegel kosteten zusammen rund sieben Mahmudi.[515] Der größte Teil der Baukosten, 30 Mahmudi, floss dagegen in Material und Anfertigung der beiden Türen[516] – ein weiterer Beleg dafür, dass gutes Bauholz in Isfahan ein teurer Importartikel war.

Außerordentlich gut bezahlt wurde der Handwerker, der für das Anstreichen der Eingangspforte 26 Mahmudi erhielt.[517] Die Höhe dieser Summe mochte sich aus den für Farben und Lacke benötigten, vielfach wohl schwierig zu beschaffenden Inhaltsstoffen[518] erklären.

Über das bei Bauarbeiten verwendete Werkzeug und die entsprechenden Anschaffungs- und Reparaturkosten geben die Rechnungen keine Auskunft, woraus sich schließen lässt, das dafür die Handwerker selbst verantwortlich

---

[512] NA Coll. Gel. de Jongh (1.10.30), 245, fol. 2r. Bei weiteren Bauarbeiten wird für eine nicht genannte Menge ein Preis von eineinhalb Mahmudi angegeben (25, fol. 5r–5v).

[513] Vgl. FRYER 1698, 336. Aus diesem Grund scheint Fensterglas zur damaligen Zeit in Iran weitgehend unbekannt gewesen sein. FLOOR 2000, 323f. betont die Existenz einer Glasindustrie in Iran, die allerdings nur Stücke von minderer Qualität produzierte (die als Lichtquelle für ein Lagerhaus freilich ausreichten). Zum Abdichten eines Fensters im Logis hatte man zu diesem Zweck jedenfalls einmal für zwölf Qazbegi Papier beschafft (NA Coll. Gel. de Jongh (1.10.30), 245, fol. 5r). Von Papier als Glasersatz in ärmeren Haushalten berichtet noch POLAK 1865, Bd. 1, 59.

[514] NA Coll. Gel. de Jongh (1.10.30), 244, fol. 13r.

[515] NA Coll. Gel. de Jongh (1.10.30), 245, fol. 5v.

[516] NA Coll. Gel. de Jongh (1.10.30), 245, fol. 5v. im Einzelnen handelte es sich um zweieinhalb Mahmudi für Nägel, vier Qazbegi für zehn eiserne Verstärkungen, ein Mahmudi und sechs Qazbegi für Scharniere, acht Qazbegi für Türringe und drei Mahmudi für einen Riegel und drei dazugehörige Krampen.

[517] NA Coll. Gel. de Jongh (1.10.30), 244, fol. 11v.

[518] THEVENOT nennt als Bestandteile der entsprechenden Lacksorten Firnis, Leinöl, Naphtha, Weingeist und Senderakharz (vgl. THEVENOT 1674, 166).

waren. Auf Kosten der Compagnie beschafft wurden lediglich einige Utensilien wie drei Körbe, um Mörtel von der Lehmgrube zum Bauplatz zu tragen (zu einem Gesamtpreis von drei Mahmudi und vier Qazbegi),[519] für die Herstellung des Verputzes ein Kalkmaß zu zwei Mahmudi[520] und zwei Siebe zu jeweils 16 Qazbegi und ein einfünftel Mahmudi[521] sowie für das Zementieren der Zisternen mehrere Gießpfannen zu jeweils einem Mahmudi für vier bis fünf Stück.[522] Welchen Anteil an Kosten für Bau- und Renovierungsarbeiten der Transport des benötigten Materials zur Baustelle ausmachte, lässt sich anhand der verfügbaren Daten gleichfalls nicht genau berechnen. Den einzigen Hinweis bildet eine Eintragung über zwei Mahmudi für den Transport von 60 *man-e šāhī* Kalk und 20 *cargen sonamby* (vielleicht eine Verballhornung von *sang-e pā*, d.h. Bimsstein) für den Bau einer Zisterne.[523] Aus den Rechnungsbüchern lässt sich schließlich auch eine Vorform des Dienstleistungsgewerbes feststellen: Das Baugerüst (*čūbbast*) für die Renovierung des Torbaus hatte man für zwei Mahmudi bei einem professionellen Verleiher oder vielleicht auch beim königlichen Bauhof entliehen.[524]

Ob ähnlich wie bei den Ausgaben für Küche und Haushalt die Kosten für Hausbau und Reparaturen in Isfahan höher lagen als anderswo in Iran, ließe sich wenigstens annäherungsweise im Vergleich mit den für die entsprechenden Arbeiten an der Niederlassung in Bandar ʿAbbās berechnen. Wie bereits ausgeführt, lagen Löhne und Preise für ungebrannte und gebrannte Ziegel dort wesentlich niedriger als in der Hauptstadt; die Gehälter betrugen nur ein Viertel, die Preise für Ziegel ungefähr ein Fünftel dessen, was in Isfahan zu zahlen gewesen wäre. Bei anderen Materialen ergibt sich indes ein wenig einheitliches Bild. Bauholz, das in den Palmenhainen rund um die Stadt in nächster Nähe verfügbar war, war bei einem Preis von 16 Qazbegi pro Balken (und einem Gesamtpreis von 23 Mahmudi und sieben Qazbegi für 29 solcher Balken)[525] recht wohlfeil. Kalk hingegen war mit drei

---

519 NA Coll. Gel. de Jongh (1.10.30), 244, fol. 11v.

520 NA Coll. Gel. de Jongh (1.10.30), 244, fol. 11v.

521 NA Coll. Gel. de Jongh (1.10.30), 244, fol. 11v u. NA Coll. Gel. de Jongh (1.10.30), 245, fol. 5v.

522 NA Coll. Gel. de Jongh (1.10.30), 245, fol. 2r (für fünf solcher Pfannen) u. fol. 5r–5v (für vier Pfannen).

523 NA Coll. Gel. de Jongh (1.10.30), 245, fol. 2r.

524 NA Coll. Gel. de Jongh (1.10.30), 244, fol. 11v. Vgl. dazu auch WULFF 1966, 111.

525 NA Coll. Gel. de Jongh (1.10.30), 245, fol. 5v.

Mahmudi und 13 Qazbegi pro *carge* teilweise deutlich teurer als in Isfahan[526]; der Preis für Häcksel lag jedoch mit umgerechnet sechs Qazbegi pro *man-e šāhī* (was bei einer Menge von 1600 Pfund oder knapp vier *cargen* die Summe von 40 Mahmudi ergab) noch höher.

Angesichts der sowohl am Haus als auch in den Wohn- und Arbeitsbereichen regelmäßig erforderlichen Reparaturen, nicht zuletzt der dabei anfallenden Ausgaben, erweist sich die Bemerkung CHARDINs, dass der Hausbau in Iran allgemein billiger als in Europa sei,[527] somit als durchaus zutreffend. Den niedrigen Baukosten dürften jedoch höhere Ausgaben für die ständigen Instandsetzungsarbeiten entgegengestanden haben.[528] Für die von CHARDIN[529] und THEVENOT[530] beobachtete Gewohnheit der Iraner, lieber ein neues Haus zu bauen als ein vorhandenes instand zu halten, bietet sich ausgehend von den in den Rechnungsbüchern verzeichneten Summen eine einfache ökonomische Erklärung. Angesichts des Umstandes, dass man in der VOC-Niederlassung in Isfahan in einem Zeitraum von etwas mehr als einem Jahr (vom Juli 1641 bis Dezember 1642) insgesamt 1865 Mahmudi und vier Qazbegi allein für Reparaturen am Gebäude aufwenden musste, ließe sich das Desinteresse der Iraner an der Erhaltung vorhandener Bausubstanz ganz einfach aus dem Umstand erklären, dass auf lange Sicht der völlige Neubau eines Hauses den Besitzer kaum teurer zu stehen kam als der Unterhalt eines Altbaus.

6. REISE- UND TRANSPORTKOSTEN

Bisher sind vor allem jene Kosten untersucht worden, die sich für die VOC durch die für die Abwicklung ihrer Handelsgeschäfte in Iran notwendige Anwesenheit in Form von Löhnen, Nahrungsmitteln und Haushaltung ergaben. Was den Handel selbst betraf, brachte dieser neben den erhofften Profiten als Kostenfaktor zunächst einmal die erforderlichen Investitionen in Form von Waren und Bargeld mit sich. In die Rechnungsbücher fanden diese keinen Eingang, da Geld und Handelsgüter üblicherweise im Zuge des

---

526 NA Coll. Gel. de Jongh (1.10.30), 244, fol. 5v.

527 Vgl. CHARDIN 1811, Bd. 4, 112.

528 Im zeitgenössischen Damaskus war etwa, bei einer weitgehend identischen Bauweise, im Durchschnitt alle zwei Jahre eine Renovierung erforderlich (vgl. GREHAN 2007, 159f.).

529 Vgl. CHARDIN 1811, Bd. 4, 125.

530 Vgl. THEVENOT 1674, 243.

niederländischen Asienhandels erworben und befördert wurden, und die entsprechenden Ausgaben für Einkauf und Schiffsraum in die allgemeine Bilanz der Compagnie für den Handel in Asien einflossen. Nur die Kosten, die innerhalb Irans anfielen und auch dort beglichen werden mussten, wurden notiert, wie etwa Anleihen bei einheimischen Geldgebern oder das Kostgeld, das man dem in Diensten der VOC stehenden Geldwechsler zahlte.[531]

Daneben gab es noch eine ganze Reihe von konkreten Kosten und Ausgaben, die sich vom Anlanden der Waren in Bandar ʿAbbās, ihrem Einkauf an den iranischen Produktionsstätten oder durch den Transport im Landesinneren ergaben. Einen Teil dieser Ausgaben machte der tägliche Einkauf von Reiseverpflegung auf dem Weg aus, von dem an anderer Stelle bereits die Rede gewesen ist. Dazu kamen allerdings noch die Kosten für die Unterkunft, die Lasttiere und die dazugehörige Ausstattung, für die Packknechte und Karawanenführer, und nicht zuletzt das, was man im heutigen Sinne als Verwaltungskosten bezeichnen könnte.

Grundsätzlich wurden auf Reisen Ausgaben für die Verpflegung sowohl der Reisenden als auch der Reit- und Lasttiere einkalkuliert, wobei pro Person drei Mahmudi täglich[532] angesetzt wurden. Wie Geleynssens Abrechnung für die auf dem Weg von Bandar ʿAbbās nach Isfahan eingekauften Lebensmittel nahe legt, war dies freilich ein Richtwert, da die Ausgaben je nach Verfügbarkeit der benötigten Lebensmittel von einem Ort zum anderen deutlich schwanken konnten. Mit den in den Rechnungen auf einen Mahmudi pro Tag für jedes Reit- und Lasttier veranschlagten Futterkosten[533] mochte es sich in der Realität ebenfalls anders verhalten haben. Selbst auf dem Papier waren die Ausrüstung einer Karawane oder eine Dienstreise innerhalb Irans mit erheblichen Kosten verbunden. Ein Assistent stellte für die Begleitung eines Seidentransports von Isfahan nach Bandar ʿAbbās, die er mit zwei Pferden und einem Maulesel unternommen hatte, der Compagnie für Gerste und Stroh, Lohn für einen Reitknecht, Lampenöl, Ersatzteile für das Zaumzeug und die medizinische Behandlung eines Lastpferdes insge-

---

[531] NA Coll. Gel. de Jongh (1.10.30), 244, fol. 11v·

[532] NA Coll. Gel. de Jongh (1.10.30), 245, fol. 12v. Als tägliche *rantsoen* für einen Assistenten sind an anderer Stelle zwei Mahmudi genannt (NA Coll. Gel. de Jongh (1.10.30), 244, fol. 1r).

[533] NA Coll. Gel. de Jongh (1.10.30), 244, fol. 1v, NA Coll. Gel. de Jongh (1.10.30), 245, fol. 13v.

samt 135½ Mahmudi in Rechnung.[534] Die sechstägige Reise auf vier Pferden von Bandar ʿAbbās nach Lār brachte für Geleynssen de Jongh und seine drei niederländischen Begleiter (den Unterkaufmann Bastincq und zwei Assistenten) an Wasser, Gerste und Stroh Ausgaben von 24 Mahmudi mit sich;[535] für die Weiterreise von Schiraz nach Isfahan, zusammen mit fünf Begleitern (dem *tolk*, zwei Assistenten, einem Diener und einem Pferdeknecht) auf sechs Reittieren (fünf Pferde und ein Maultier) hatte er in 14 Tagen für Gerste und Stroh 84 Mahmudi aufzuwenden.[536] Ein Tross aus zwölf Pferden und zwei Mauleseln verbrauchte auf derselben Strecke in elf Tagen Gerste, Stroh und Wasser für 154 Mahmudi,[537] bei einer Reise von 26 Tagen kamen für zehn Pferde Ausgaben von 267 Mahmudi für Gerste und 130 Mahmudi für Stroh oder Häcksel,[538] insgesamt also 397 Mahmudi zusammen.[539] Verglichen damit fallen die zwei Mahmudi, die man unterwegs für frisches Wasser zum Pferdetränken ausgegeben hatte,[540] als Kostenfaktor kaum noch ins Gewicht. Der Mangel an trinkbarem Wasser konnte auf dem Weg für eine Karawane allerdings zum Problem werden, denn auf einer anderen Reise war man genötigt, für siebendreiviertel Mahmudi 25 *cargen* davon einzukaufen.[541] Auch für einen Aufenthalt in Schiraz findet sich dafür ein halber Mahmudi als Ausgabe verzeichnet.[542]

Pferde und Maulesel, von denen in Iran auch erstere wegen ihrer Ausdauer geschätzt wurden,[543] verursachten dabei nicht allein durch das benötigte Futter Ausgaben. Um sie unterwegs füttern zu können, waren lederne[544] Futtersäcke erforderlich, die pro Stück zwischen anderthalb[545] und zweieinhalb Mahmudi[546] kosteten und mitunter gleich in Mengen von vier[547] oder

[534] NA Coll. Gel. de Jongh (1.10.30), 244, fol. 8v.
[535] NA Coll. Gel. de Jongh (1.10.30), 244, fol. 1v.
[536] NA Coll. Gel. de Jongh (1.10.30), 244, fol. 1v.
[537] NA Coll. Gel. de Jongh (1.10.30), 244. fol. 1v.
[538] Von Gerste und Häcksel als Pferdefutter berichtet FRYER 1698, 233.
[539] NA Coll. Gel. de Jongh (1.10.30), 244, fol. 7v.
[540] NA Coll. Gel. de Jongh (1.10.30), 244, fol. 7v.
[541] NA Coll. Gel. de Jongh (1.10.30), 244, fol. 6v.
[542] NA Coll. Gel. de Jongh (1.10.30), 246, fol. 2r.
[543] Vgl. THEVENOT 1674, 220.
[544] Vgl. THEVENOT 1674, 221.
[545] NA Coll. Gel. de Jongh (1.10.30), 244, fol. 14 r, 245, fol. 8v.
[546] NA Coll. Gel. de Jongh (1.10.30), 245, fol. 13v.
[547] NA Coll. Gel. de Jongh (1.10.30), 244, fol. 14r, 245, fol. 7v.

auch 15 Stück[548] beschafft wurden. Hinzu kamen noch ein Sieb zum Reinigen der Gerste zu 14 Qazbegi[549] und für vier Mahmudi ein Seil, um auf dem Weg den Wassereimer in die Brunnen herablassen zu können.[550] Überdies mussten die Tiere, schon um ihre Gesundheit und Arbeitskraft zu erhalten, regelmäßig gewaschen und gestriegelt werden. Wiederholt finden sich daher in den Rechnungen Ausgaben für grobes Tuch zum Ab- und Trockenreiben des Fells,[551] von dem eine Elle den Angaben zufolge (acht Ellen zu dreieinviertel Mahmudi,[552] zehn Ellen zu vier Mahmudi,[553] zwei Ellen zu zwölf Qazbegi[554]) zwischen sechs und acht Qazbegi kostete. An anderer Stelle werden für denselben Zweck in nicht näher bezeichneter Menge eingekaufte \`Lappen´ angeführt.[555] Als Reinigungsmittel dienten Seife und Joghurt, die bei einer Gelegenheit im Wert von siebeneinhalb Mahmudi beschafft wurden.[556]

Rosskamm und Striegel für die Fellpflege kosteten in der Anschaffung je 16[557] und zwölf[558] Qazbegi; erstere mussten zudem regelmäßig neu geschärft werden, was aber nur geringe Kosten mit sich brachte.[559] Die Ausgaben für das Erneuern der Hufeisen sind bereits an anderer Stelle ausführlich behandelt worden; für ein Pferd wird dabei zu diesem Zweck ein angefallener Betrag von elf Mahmudi genannt.[560] Da Pferde aufgrund ihres hohen Preises[561]

---

548 NA Coll. Gel. de Jongh (1.10.30), 244, fol. 3v.

549 NA Coll. Gel. de Jongh (1.10.30), 244, fol. 6v.

550 NA Coll. Gel. de Jongh (1.10.30), 244, fol. 6v.

551 Von dieser Praxis berichtet auch CHARDIN 1811, Bd. 3, 370f.

552 NA Coll. Gel. de Jongh (1.10.30), 244, fol. 2r.

553 NA Coll. Gel. de Jongh (1.10.30), 244, fol. 3v.

554 NA Coll. Gel. de Jongh (1.10.30), 244, fol. 14r.

555 Als Preise genannt werden anderthalb Mahmudi (NA Coll. Gel. de Jongh (1.10.30), 245, fol. 12v.) dreieinhalb Mahmudi (NA Coll. Gel. de Jongh (1.10.30), 245, fol. 3v) und dreidreiviertel Mahmudi (NA Coll. Gel. de Jongh (1.10.30), 245, fol. 8v, in der letzten Summe ist eine nicht näher bezeichnete Sattelreparatur mit eingeschlossen).

556 NA Coll. Gel. de Jongh (1.10.30), 245, fol. 1v.

557 NA Coll. Gel. de Jongh (1.10.30), 244, fol. 14r.

558 NA Coll. Gel. de Jongh (1.10.30), 245, fol. 7v.

559 Für das Nachschärfen von fünf Kämmen wurden 16 Qazbegi berechnet (NA Coll. Gel. de Jongh (1.10.30), 244, fol. 2v; an anderer Stelle werden für das Anschärfen eines Kamms und die Reparatur eines Striegels anderthalb Mahmudi angegeben (NA Coll. Gel. de Jongh (1.10.30), 245, fol. 8r).

560 NA Coll. Gel. de Jongh (1.10.30), 244, fol. 1r.

561 So hatte die VOC in Isfahan als königliches Geschenk fünf Pferde erhalten, deren Gesamtwert auf 1250 Gulden, oder 250 Gulden (500 Mahmudi) pro Pferd taxiert wurde (NA

ein wichtiges Statussymbol[562] und eine wertvolle Kapitalanlage darstellten, war man gleichfalls bemüht, ihre Gesundheit zu erhalten. Der Aderlass[563] diente diesem Zweck ebenso wie die Behandlung von Verletzungen, für die in zwei Fällen als Heilmittel einmal Fett (*smeer*) und Lauch (vielleicht wegen der in verschiedenen Lauchsorten enthaltenen ätherischen Öle)[564] für einen Mahmudi,[565] das andere Mal Öl, Salbe und Indigo zu einem Mahmudi und 16 Qazbegi[566] beschafft wurden. Ein anderes erkranktes Pferd musste 25 Tage lang mit frischem („grünem") Gras für insgesamt fünf Mahmudi gefüttert werden.[567] Unterwegs hatte man für die Pferde bei anderer Gelegenheit „nach Gewohnheit" Öl und Salz zum Preis von einem Mahmudi und neun Qazbegi eingekauft,[568] letzteres vielleicht als Futterzusatz. Zu einem größeren Kostenfaktor wurden Erkrankungen, wenn ein Tierarzt herangezogen werden musste. Der für die erste Hilfe bei dem mit Fett und Lauch in Lār herangezogene Chirurg begnügte sich noch mit einem Honorar von zwei Mahmudi.[569] In einem anderen, bereits genannten Fall wurden dem hinzugezogenen Tierarzt für die Behandlung zweier Pferde 18½ Mahmudi gezahlt;[570] ein anderer Arzt erhielt für das Versorgen von vier Pferden 20 Mahmudi.[571] Für die Behandlung eines der Compagnie vom Schah geschenkten, kränkelnden Pferdes hatte man sogar 60 Mahmudi ausgegeben.[572] Das Honorar eines Arztes hing also immer auch vom Wert des zu behandelnden Tieres

---

VOC (1.02.04), 1144, fol. 503r). Für sechs aus Iran nach Batavia beförderte sechs Pferde wird ein Gesamtwert von 1500 Gulden (3000 Mahmudi) genannt (NA VOC (1.02.04), 1144, 23. Mai 1643, fol. 503r). CHARDIN gibt als Durchschnittspreis eines Pferdes 1000 Ecu an (vgl. CHARDIN 1811, Bd. 3, 367).

[562] Vgl. CHARDIN 1811, Bd. 3, 24f.

[563] Vgl. 25f.

[564] Über den Gebrauch von Lauch zur Behandlung äußerer Krankheiten berichten CHARDIN 1811, Bd. 3, 374ff. u. THEVENOT 1674, 222. In der zeitgenössischen westlichen Medizin wurde Lauch aufgrund der in ihm enthaltenen ätherischen Öle als Heilmittel gegen Erkrankungen der Bronchien angewendet (vgl. ZEDLER 1737, 975). In Syrien wurde mit Ziegenblut vermischtes Lauchöl als Mitel gegen Flöhe verwendet (vgl. GREHAN, 168).

[565] NA Coll. Gel. de Jongh (1.10.30), 244, fol. 8v.

[566] NA Coll. Gel. de Jongh (1.10.30), 244, fol. 6v.

[567] NA Coll. Gel. de Jongh (1.10.30), 246A, fol. 1r.

[568] NA Coll. Gel. de Jongh (1.10.30), 244, fol. 6v.

[569] NA Coll. Gel. de Jongh (1.10.30), 244, fol. 8v.

[570] NA Coll. Gel. de Jongh (1.10.30), 244, fol. 2v.

[571] NA Coll. Gel. de Jongh (1.10.30), 245, fol. 3v.

[572] NA Coll. Gel. de Jongh (1.10.30), 245, fol. 1v.

ab. Im weiteren Sinne der Gesundheitsvorsorge dienten auch Wadenwickel aus Stoff oder Leder, die verhindern sollten, dass sich die Pferde mit ihren Hufen die Schenkel wund schlugen.[573] Sechs solcher Wickel aus Stoff kosteten dabei zwei Mahmudi,[574] ein Paar aus Leder acht Qazbegi[575]. Um an den Rastplätzen die Pferde am Weglaufen zu hindern, wurden den Abrechnungen bei zwei Gelegenheiten jeweils ein halbes und ein volles Dutzend eiserner Pflöcke zu sechs[576] bzw. elf Mahmudi und 15 Qazbegi,[577] also im Durchschnitt einem Mahmudi pro Pflock, beschafft.[578] Ein dazugehöriges Seil wurde mit eindreiviertel Mahmudi taxiert.[579] Daneben verwendete man gewöhnlich aus Tauwerk hergestellte Fußfesseln, von denen einmal vier Stück zu neuneinhalb Mahmudi,[580] ein andermal zusammen mit drei Tauen fünf Stück für zusammen 14 Mahmudi und zwölf Qazbegi[581] und eine ungenannte Zahl zu 18½ Mahmudi[582] angeschafft wurden. Das für das Zaumzeug benötigte Tauwerk gehörte dabei bei dem an einer Stelle genannten Preis von 13 Mahmudi pro *man* zu den teureren Materialien.[583]

Das Reitzeug, zu dem v.a. Sättel, Decken und Zaumzeug gehörten, machte ganz allgemein neben dem Futter den größten Teil der Reisekosten aus. Bei den Pferdedecken führten das benötigte Material (die kostspieligen Textilien) und der Herstellungsaufwand zu recht hohen Preisen. Eine übliche Pferdedecke (*hembd*) kostete je nach Größe zwischen fünfeinhalb[584] oder

573 Vgl. OLEARIUS 1656, 573.

574 NA Coll. Gel. de Jongh (1.10.30), 244, fol. 7v.

575 NA Coll. Gel. de Jongh (1.10.30), 244, fol. 14r.

576 NA Coll. Gel. de Jongh (1.10.30), 245, fol. 8v.

577 NA Coll. Gel. de Jongh (1.10.30), 244, fol. 6v.

578 20 solcher Pflöcke aus Holz, die man für die Stallungen in Isfahan beschafft hatte, kosteten zusammen zwei Mahmudi und fünf Qazbegi, also umgerechnet zweieinviertel Qazbegi pro Stück (NA Coll. Gel. de Jongh (1.10.30), 244, fol. 2v).

579 NA Coll. Gel. de Jongh (1.10.30), 245, fol. 12v.

580 NA Coll. Gel. de Jongh (1.10.30), 244, fol. 14r.

581 NA Coll. Gel. de Jongh (1.10.30), 244, fol. 4r.

582 NA Coll. Gel. de Jongh (1.10.30), 245, fol. 3v. Der zum Befestigen oder Schließen einer solchen Fessel benötigte Nagel kostete dabei noch einmal einen Mahmudi (NA Coll. Gel. de Jongh (1.10.30), 245, fol. 12 v).

583 So wurden für die Herstellung solcher Fesseln einmal dreieinviertel *man* Tauwerk zu einem Gesamtpreis von 43 Mahmudi und elf Qazbegi beschafft (NA Coll. Gel. de Jongh (1.10.30), 244, fol. 3v),

584 NA Coll. Gel. de Jongh (1.10.30), 244, fol. 3v.

sechs Mahmudi[585] bis zu zehn Mahmudi,[586] wobei diesen allerdings noch eine Filzdecke untergelegt werden musste, die wiederum zwischen dreieinhalb[587] und viereinhalb Mahmudi[588] kostete, möglicherweise auch mehr, da andernorts für vier Filzdecken und Garn zum Vernähen 33 Mahmudi berechnet werden.[589] Gefütterte Decken kosteten mit Preisen von zwölf[590] bis zu 14½[591] und 15½ Mahmudi[592] nahezu doppelt so viel wie einfache Deckkleider. Nicht minder kostspielig war die Anfertigung von Sattelkissen. Vier solcher Kissen kosteten ohne Überzug zusammen 24 Mahmudi,[593] während drei „große *gaz*" (gut drei Meter) Flanell zum Überziehen von drei Kissen bereits 37 Mahmudi kosteten.[594] Der Schonung der Reittiere dienten neben den Decken auch Kissen, die unter die Sättel gelegt wurden. Änderungsarbeiten an vier solcher Kissen kosteten 14 Mahmudi,[595] der Stoff (*frangie*)[596] für zwei Kissen immerhin fünfeinhalb Mahmudi,[597] woraus zu schließen ist, dass solche Kissen an sich schon recht teuer gewesen sein müssen. Überaus kostspielig in der Anschaffung waren schließlich die Sättel, die wie die Pferde selbst ein wichtiges Statussymbol darstellten. Der teuerste Posten beim Reitzeug, 156 Mahmudi, ging in die Beschaffung zweier neuer und die Reparatur dreier alter Sättel.[598] Bei dem für 22 Mahmudi für Geleynssen de

585 NA Coll. Gel. de Jongh (1.10.30), 245, fol. 12v.
586 NA Coll. Gel. de Jongh (1.10.30), 244, fol. 3v. An anderer Stelle werden für eine Filzdecke und einen Striegel zusammen neun Mahmudi und zwölf Qazbegi berechnet (NA Coll. Gel. de Jongh (1.10.30), 245, fol. 8r).
587 NA Coll. Gel. de Jongh (1.10.30), 244, fol. 3v.
588 NA Coll. Gel. de Jongh (1.10.30), 245, fol. 8r.
589 NA Coll. Gel. de Jongh (1.10.30), 245, fol. 8v. Daneben wird noch ein Posten von Pferdedecken in nicht genannter Zahl und Gurten zu 21½ Mahmudi genannt (245, fol. 3v), wobei nicht klar ist, ob letztere zusammen mit den Decken gebraucht wurden. Für das Umnähen von Pferdedecken wurde bei anderer Gelegenheit Garn für zwölf Mahmudi eingekauft (NA Coll. Gel. de Jongh (1.10.30), 244, fol. 2v).
590 NA Coll. Gel. de Jongh (1.10.30), 245, fol. 8v.
591 NA Coll. Gel. de Jongh (1.10.30), 245, fol. 8v.
592 NA Coll. Gel. de Jongh (1.10.30), 245, fol. 8v.
593 NA Coll. Gel. de Jongh (1.10.30), 244, fol. 3v.
594 NA Coll. Gel. de Jongh (1.10.30), 244, fol. 3v.
595 NA Coll. Gel. de Jongh (1.10.30), 244, fol. 3v.
596 Vielleicht *fora*, eine Art Seidenstoff (vgl. Institut voor Nederlandse Geschiedenis 2000, 44).
597 NA Coll. Gel. de Jongh (1.10.30), 244, fol. 3v.
598 NA Coll. Gel. de Jongh (1.10.30), 244, fol. 3v.

Jongh beschafften Zaumzeug aus grünem Leder[599] scheint es sich indes wie bei einem anderen, für 21 Mahmudi und fünf Qazbegi erworbenen Sattel[600] um ein repräsentatives Prunkstück gehandelt zu haben, da ansonsten Preise von sechs,[601] sieben[602] und neuneinhalb Mahmudi[603] genannt werden. Kaum günstiger als solche Sättel waren in der Anschaffung die zum Führen oder Zusammenbinden der Pferde und Maulesel gebrauchten Seile, für die je nach Anzahl und Länge zwischen zweieinhalb[604] und neun Mahmudi[605] anfielen. Angesichts der angeführten Preise für neuwertige Sättel und Zaumzeuge überrascht es nicht, dass man Zubehör lieber reparieren oder zurichten ließ, als die einzelnen Teile neu zu beschaffen. Selbst dabei lassen die teilweise erheblichen Ausgaben, etwa von 40 Mahmudi für die Reparatur von fünf Sätteln und sechs Stück Zaumzeug[606] oder von sieben Mahmudi für in Schiraz vorgenommene Reparatur von zwei Sätteln[607] ahnen, wie teuer im Vergleich eine Neubeschaffung gewesen wäre.

Laufende Kosten entstanden im Zuge der Reisen im Landesinneren anscheinend auch durch den hohen Materialverschleiß an anderen Teilen des Reitzeugs. Immer wieder werden in den Rechnungen neu beschaffte Halfter,[608] Trensen[609] und Kandaren[610] wie auch Bauchgurte[611] und dazu gehörige

---

599 NA Coll. Gel. de Jongh (1.10.30), 244, fol. 1v.

600 NA Coll. Gel. de Jongh (1.10.30), 245, fol. 1v.

601 NA Coll. Gel. de Jongh (1.10.30), 245, fol. 7v.

602 NA Coll. Gel. de Jongh (1.10.30), 244, fol. 3v.

603 NA Coll. Gel. de Jongh (1.10.30), 245, fol. 12v.

604 NA Coll. Gel. de Jongh (1.10.30), 245, fol. 8v.

605 NA Coll. Gel. de Jongh (1.10.30), 245, fol. 8v. Daneben wird für ein derartiges, längeres Seil ein Preis von sechs Mahmudi genannt (245, fol. 8v). An Preisen werden sonst noch neuneinhalb Mahmudi für ein Führungsseil und ein Halfter (245, fol. 8v). und eineinfünftel Mahmudi für ein Führungsseil und eine Schöpfkelle genannt (NA Coll. Gel. de Jongh (1.10.30), 245, fol. 8v), wobei im letztgenannten Fall die Einzelpreise nicht mehr zu ermitteln sind.

606 NA Coll. Gel. de Jongh (1.10.30), 244, fol. 3v.

607 NA Coll. Gel. de Jongh (1.10.30), 244, fol. 1v.

608 NA Coll. Gel. de Jongh (1.10.30), 244, fol. 1v (drei Mahmudi), NA Coll. Gel. de Jongh (1.10.30), 245, fol. 7v (zweieinhalb Mahmudi),

609 NA Coll. Gel. de Jongh (1.10.30), 244, fol. 7v (fünf Mahmudi).

610 NA Coll. Gel. de Jongh (1.10.30), 244, fol. 2v (4 Mahmudi), 244, fol. 6v (4 Mahmudi), NA Coll. Gel. de Jongh (1.10.30), 245, fol. 8v (zwei Mahmudi) u. NA Coll. Gel. de Jongh (1.10.30), 245, fol. 3v (sechs Mahmudi und fünf Qazbegi für zwei Stück).

611 NA Coll. Gel. de Jongh (1.10.30), 244, fol. 3v (fünf Stück für Lastsättel, zu insgesamt siebeneinhalb Mahmudi), NA Coll. Gel. de Jongh (1.10.30), 244, fol. 6v (vier Mahmudi),

eiserne Haken und Schnallen[612] angeführt. Der Preis für das Verzinnen von acht Paar Steigbügeln, von denen ein gebrauchtes Paar einen Mahmudi und 14 Qazbegi kostete,[613] betrug 15½ Mahmudi.[614] Neben solchen Ersatzteilen, die im Schnitt pro Stück schon mehrere Mahmudi kosteten, wobei sie ungefähr so teuer wie eine Schaufel oder ein Küchenmesser waren, und deren Beschaffung in der Summe wieder zu erheblichen Kosten führten, fielen weitere Ausgaben durch die Notwendigkeit an, die teueren und daher möglichst lange genutzten Sättel und Zaumzeuge an die jeweiligen Tiere anzupassen. Bei sieben Sätteln und fünf Zaumzeugen machten diese Änderungen bereits 15 Mahmudi aus,[615] bei vier Lastsätteln insgesamt zwölf Mahmudi[616] und bei fünf Sätteln und einem Zaumzeug zwölf Mahmudi und sechs Qazbegi.[617] An weiteren Beträgen für Reparaturen und Änderungen an Zaumzeugen werden jeweils acht,[618] sechs,[619] und zwischen dreieinhalb Mahmudi[620] und einem Mahmudi und sechs Qazbegi[621] genannt.

NA Coll. Gel. de Jongh (1.10.30), 244, fol. 14r (ein Seil zu acht Qazbegi), u. NA Coll. Gel. de Jongh (1.10.30), 245, fol. 8v (vier Stück zu zwei Mahmudi). Zu nennen wären noch ein Mahmudi und 16 Qazbegi für einen Bauchriemen und ein drei Mahmudi für Stricke zum Festbinden einer Matratze (NA Coll. Gel. de Jongh (1.10.30), 244, fol. 14r).

612 NA Coll. Gel. de Jongh (1.10.30), 244, fol. 6v (fünf Stück für zwei Mahmudi und 18 Qazbegi) u. NA Coll. Gel. de Jongh (1.10.30), 244, fol. 14r (18 Qazbegi für einen Riemen mit Schnalle).

613 NA Coll. Gel. de Jongh (1.10.30), 244, fol. 4r.

614 NA Coll. Gel. de Jongh (1.10.30), 244, fol. 3v.

615 NA Coll. Gel. de Jongh (1.10.30), 244, fol. 1v.

616 NA Coll. Gel. de Jongh (1.10.30), 244, fol. 3v. Vgl. dazu auch CHARDIN 1811, Bd. 4, 249.

617 NA Coll. Gel. de Jongh (1.10.30), 245, fol. 3r.

618 NA Coll. Gel. de Jongh (1.10.30), 245, fol. 1v.

619 NA Coll. Gel. de Jongh (1.10.30), 244, fol. 1v (für Reparaturen an Sätteln, Zaumzeugen und Bauchriemen in Bandar ʿAbbās vor der Abreise der Karawane), NA Coll. Gel. de Jongh (1.10.30), 245, fol. 2v (für das Verstellen bzw. Ändern von Zaumzeugen und Matratzen).

620 NA Coll. Gel. de Jongh (1.10.30), 245, fol. 8v (dreieinviertel Mahmudi).

621 Einmal für Arbeiten an „peerde goet“ (NA Coll. Gel. de Jongh (1.10.30), 245, fol. 14r), das andere mal für das Verstellen von vier Halftern (NA Coll. Gel. de Jongh (1.10.30), 245, fol. 3v). Genannt werden daneben noch Änderungen an verschiedenen Sätteln und Zaumzeugen für drei Mahmudi (NA Coll. Gel. de Jongh (1.10.30), 244, fol. 7v) sowie für das Verstellen eines Lastsattels für drei Mahmudi und fünf Qazbegi (NA Coll. Gel. de Jongh (1.10.30), 245, fol. 8v). Hinzu kamen noch zwei kleinere Reparaturen zum Preis von jeweils 18 und zehn Qazbegi (NA Coll. Gel. de Jongh (1.10.30), 245, fol. 8r).

Umfangreiche Ausgaben fielen neben der Anschaffung und Reparatur von Sätteln und Zaumzeugen schließlich auch für das Verstauen der beförderten Güter und Waren sowie der persönlichen Besitztümer und Bedarfsgegenstände der Reisenden an. Um acht Transportkisten in *gonij*[622] einnähen zu lassen, mussten in einem Fall 18 Qazbegi für das benötigte Garn und zwölf Mahmudi als Lohn für die dazu beschäftigten Arbeiter gezahlt werden.[623] Derselbe Betrag (zwölf Mahmudi) war für das Einnähen eines Jachtan (*yaḫdān*), eines mit geprägtem Leder oder Stoff verkleideten und mit Vorhängeschlössern versehenen Reisekoffers)[624] zu zahlen.[625] Ein solcher *yaḫdān*, mit grünem Tuch verkleidet, kostete in der Anschaffung 52 Mahmudi, der dazu notwendige bzw. passende Sattel zusätzliche 28 Mahmudi.[626] Vier Kisten für den Transport von Kupfergeschirr (über deren Größen, ebenso wie beim Jachtan, keine näheren Angaben gemacht werden), machten in der Rechnung zehn Mahmudi und vier Qazbegi aus, wovon zwei Mahmudi als Lohn an den Schreiner gingen und für die vier Qazbegi die nötigen Nägel eingekauft wurden.[627] Selbst ein einfacher Transportsack kostete in Schiraz mitsamt dem notwendigen Zubehör 22 Mahmudi und acht Qazbegi.[628] Der starke Verschleiß im Verlauf der Reise machte auch bei den Transportbehältern Reparaturen erforderlich, deren Kosten sich jedoch im Vergleich zu anderen Ausgaben sehr im Rahmen hielten. An Ausgaben für das „Verstellen“ eines Lastsattels wird an einer Stelle dreieinviertel Mahmudi angegeben;[629] für vergleichbare Änderungen an Sätteln und Zaumzeug an anderer Stelle zwölf Mahmudi und sechs Qazbegi.[630] Auch die beförderten Ballen und Packen mussten für den Transport bereitgemacht und vernäht werden. Geht man dabei von dem in einer Rechnung genannten Betrag von 15 Qazbegi pro Packen aus,[631] würde dies in den beiden Fällen, in denen bei Karawanen die Zahl der beförderten Packen (110 Stück bzw. 78

[622] *gonje*, ein grobes Tuch aus Jute (vgl. Instituut voor Nederlandse Geschiedenis 2000, 51).
[623] NA Coll. Gel. de Jongh (1.10.30), 245, fol. 6v.
[624] Vgl. Instituut voor Nederlandse Geschiedenis 2000, 125.
[625] NA Coll. Gel. de Jongh (1.10.30), 244, fol. 3v.
[626] NA Coll. Gel. de Jongh (1.10.30), 245, fol. 7v.
[627] NA Coll. Gel. de Jongh (1.10.30), 245, fol. 6v.
[628] NA Coll. Gel. de Jongh (1.10.30), 244, fol. 14r.
[629] NA Coll. Gel. de Jongh (1.10.30), 245, fol. 7v.
[630] NA Coll. Gel. De Jongh (1.10.30), 245, fol. 4r.
[631] NA Coll. Gel. de Jongh (1.10.30), 245, fol. 3v.

Stück)[632] genannt wird, jeweils einen Betrag von 82½ und von 58½ Mahmudi bedeuten.

Wie aus all diesen Zahlen und Beträgen deutlich wird, war nicht nur die Ausrüstung einer Karawane, sondern schon eine Reise zu Pferd ein kostspieliges Unternehmen, für dessen Durchführung jedes Mal mehrere hundert Mahmudi aufzuwenden waren, und das durchzuführen nur derjenige in Lage war, der auch das erforderliche Kapital investieren konnte – in diesem Fall also die reichen persischen, armenischen oder jüdischen Kaufleute,[633] oder die Angestellten der VOC, die im Dienst des vermutlich größten Wirtschaftsunternehmens der damaligen Zeit unterwegs waren. Die für den Einkauf der zu befördernden Waren notwendigen Summen sind dabei in den Rechnungen noch nicht einmal berücksichtigt.

Zu den Kosten für den Unterhalt und die Ausstattung der Reittiere waren schließlich noch die Zollgebühren, Personalkosten und nicht zuletzt die Frachtgelder hinzuzurechnen, die neben den beiden zuvor genannten Posten beinahe die andere Hälfte der Gesamtkosten ausmachten. Die Zollgebühren waren, wie bereits im zweiten Kapitel gezeigt,[634] kein fester Tarif, sondern eher ein von den Wächtern in den Mautstellen im Gegenzug für die zügige Abfertigung oder das anstandlose Passierenlassen der Karawane erwartetes Trinkgeld – für die fünf Mahmudi, die man einmal an den Zöllner in Lār gezahlt hatte, ist dies zumindest als Begründung angegeben[635]. Welche genauen Beträge, und aus welchen Gründen diese an den einzelnen Zollstationen zu entrichten war, ist nicht mehr festzustellen. In einer Abrechnung werden für die Strecke von Isfahan nach Qazvīn (wohin sich der Oberkaufmann Hendrick van Tuijnen im August 1642 begeben hatte, um dem neuen Schah ʿAbbās II. zu huldigen) für die Hin- und Rückreise insgesamt 56 Mahmudi angegeben.[636] Für die Strecke zwischen Bandar ʿAbbās und Isfahan werden für die einzelnen Mautstellen Beträge zwischen drei und zehn Mahmudi genannt.[637] In Qūmīše, wo an die Zöllner ebenfalls zehn Mahmudi

[632] NA Coll. Gel. de Jongh (1.10.30), 244, fol. 13v.

[633] Zu Stellung und Betätigungsfeldern von Kaufleuten in Iran zur damaligen Zeit vgl. MATTHEE 2004.

[634] Vgl. S.32.

[635] NA Coll. Gel. de Jongh (1.10.30), 244, fol. 14v.

[636] NA Coll. Gel. de Jongh (1.10.30), 245, fol. 8r. FRYER berichtet gleichfalls, dass beim Passieren jeder Zollstation ein Geldbetrag entrichtet, wurde (vgl. FRYER 1698, 223 u. 290f.).

[637] Im einzelnen drei Mahmudi im Zollhaus in Lār (244, fol. 5r), vier Mahmudi in Muḫak (NA Coll. Gel. de Jongh (1.10.30), 246, fol. 4r), fünf Mahmudi in Čāh Talḫ (NA Coll.

zu zahlen waren, hatten diese immerhin für die Reisenden einige Hühner zum Abendessen besorgt;[638] in anderen Fällen erhielten sie zwischen sechs und zehn Mahmudi für das Bewachen der Karawane während der Rast.[639] Allerdings werden die Zöllner ihrerseits diese Trinkgelder nicht allein als Gegenleistung für erwiesene Gefälligkeiten betrachtet zu haben, sondern als wesentlichen Teil ihres Einkommens, wobei den Reisenden im Fall der Verweigerung erhebliche Unannehmlichkeiten drohten. In einem Fall etwa sah sich die Compagnie genötigt, an den *dārūġeh* von Isfahan 150 Mahmudi zu zahlen, um die Verhaftung und Bestrafung der Zollbeamten von Abarqūh zu erwirken, die aus nicht genanntem Grund einen Assistenten und den einheimischen Karawanenführer (*caffilla bassi*) schwer misshandelt hatten.[640]

Von den freiwilligen oder unfreiwilligen Abgaben in den Mautstellen einmal abgesehen, machten Trinkgelder durchweg einen Teil der Reisekosten aus. Geleynssen de Jongh hatte zu diesem Zweck auf dem Weg von der Küste zur Hauptstadt insgesamt 75 Mahmudi ausgegeben,[641] und auch an anderer Stelle werden an Esels- oder Kameltreiber gezahlte Geldgeschenke verzeichnet, deren Umfang acht,[642] 20 oder auch 40 Mahmudi betragen konnte[643]. Diese zählten wiederum zu den Transportkosten, bei denen die Rechnungsbücher zugleich einen Einblick in die Funktionsweise des Überlandhandels zur Safavidenzeit bieten. Das Bild, das sich dabei aus den Aufzeichnungen ergibt, unterscheidet sich wesentlich vom Eindruck der Willkür und Erpressung, der sich aus den Quellen hinsichtlich des Eintreibens der Wegegelder, also auf dem staatlichen Sektor, ergibt.

Im Gegensatz zum Zollwesen erscheint der Karawanenhandel professionell organisiert, und von klaren, möglicherweise schriftlich fixierten Abmachungen geprägt.[644] In den Rechnungen werden gewöhnlich als Verantwortliche für den Transport der Handelswaren der VOC und das Gepäck der An-

---

Gel. de Jongh (1.10.30), 246, fol. 4r), sechs Mahmudi an den Zollmeister in Isfahan (NA Coll. Gel. de Jongh (1.10.30), 244, fol. 5r) und jeweils zehn Mahmudi in Gombāz-e Lālā und Eṣfahānak, den letzen beiden Zollstationen vor Isfahan (NA Coll. Gel. de Jongh (1.10.30), 246, fol. 246, fol. 4r).

[638] NA Coll. Gel. de Jongh (1.10.30), 246, fol. 4r.

[639] NA Coll. Gel. de Jongh (1.10.30), 244, fol. 13v.

[640] NA Coll. Gel. de Jongh (1.10.30), 245, fol. 13v.

[641] NA Coll. Gel. de Jongh (1.10.30), 246, fol. 4r.

[642] NA Coll. Gel. de Jongh (1.10.30), 244, fol. 14v.

[643] NA Coll. Gel. de Jongh (1.10.30), 244, fol. 13v.

[644] Vgl. MATTHEE 1999, 50f.

gestellten die Karawanenführer, Kameltreiber und Pferdeknechte genannt. Nicht ganz deutlich wird jedoch, ob diese selbst ihre Karawanen organisierten oder deren Ausstattung durch darauf spezialisierte Unternehmer betrieben wurde. So wird an einer Stelle eine Provision von 30½ Mahmudi an einen gewissen Ḫoǧa ʿAbdo l-Reżā für eine *carge* Fracht genannt, die dieser für die Compagnie „mit seiner Karawane“ (*met sijn caffila*) von Bandar ʿAbbās nach Schiraz befördert hatte.[645] Aus der entsprechenden Notiz geht allerdings nicht hervor, ob der genannte Ḫoǧa ʿAbdo l-Reżā lediglich der Karawanenführer oder aber ein Kaufmann oder Transportunternehmer war. Für die Annahme solcher Unternehmen spricht, dass einmal zusätzliche Pferde erwähnt werden, die man für sieben Mahmudi kurzfristig anmietete, um eine Ladung Textilien über einen Fluss zu transportieren,[646] und an anderer Stelle professionellen Maklern als Provision für angemietete Maulesel und Pferde jeweils vier[647] und zehn[648] Mahmudi gezahlt wurden. Beim Anmieten von Last- und Reittieren und dem Transport von Waren bestanden zudem fixe, in ganz Iran einheitliche Tarife. Die Mietgebühr für Lasttiere betrug dabei pro *manzel*, d.h. für eine Tagesreise,[649] für ein Pferd drei, ein Kamel zweidreiviertel, ein Maultier zwei und einen Esel anderthalb Mahmudi,[650] wobei sich die Preise neben dem Anschaffungspreis auch nach der Tragfähigkeit der einzelnen Tiere richteten.[651] Die genannten Tarife waren wohl für Tagesmärsche berechnet, bei denen die Tiere körperlich beansprucht wurden, da einmal einem *caffilbaschi* für die Überstellung zweier

---

645 NA Coll. Gel. de Jongh (1.10.30), 244, fol. 1r.

646 NA Coll. Gel. de Jongh (1.10.30), 244, fol. 14v.

647 NA Coll. Gel. de Jongh (1.10.30), 244, fol. 1r.

648 NA Coll. Gel. de Jongh (1.10.30), 245, fol. 8r.

649 Vgl. Institut voor Nederlandse Geschiedenis 2000, 75.

650 NA Coll. Gel. de Jongh (1.10.30), 244, fol. 1r. An anderer Stelle (NA Coll. Gel. de Jongh (1.10.30), 245, fol. 2v) wird als Mietpreis für ein Pferd für eine zehntägige Reise von Bandar ʿAbbās nach Lār gleichfalls ein Gesamtbetrag von 30 Mahmudi, d.h. drei Mahmudi pro *manzel*, genannt. Um Futter über die drei Tagesreisen lange Strecke von Hormud nach Bandar ʿAbbās zu transportieren, wurden bei anderer Gelegenheit (NA Coll. Gel. de Jongh (1.10.30), 244, fol. 6r) für 12½ Mahmudi mehrere Esel angemietet; da deren Anzahl nicht näher bestimmt wird, sind über die Tagesmiete keine Angaben möglich.

651 Für den Kaufmann Hendrick de With, der aufgrund einer Erkrankung den Weg nicht zu Fuß zurücklegen konnte, wurde für 180 Mahmudi ein Lastpferd in Rechnung gestellt (NA Coll. Gel. de Jongh (1.10.30), 244, fol. 14v). Bei diesem recht hohen Preis ist unklar, ob dieses Pferd nur gemietet oder aber gekauft worden war.

erkrankter oder geschwächter Pferde von Bonāruyeh nach Schiraz (eine Strecke von sieben *manzel*) lediglich 19 Mahmudi für Futter und sonstigen Bedarf gezahlt wurden.[652]

Ob die oben genannten Tagesmieten auch für Reittiere galten, ist indes zweifelhaft. Wären alle Reisenden einer Karawane mit Pferden oder Maultieren ausgestattet gewesen, würden in diesem Fall bei einer Reisegesellschaft, die sich (wie an anderer Stelle ausgeführt)[653] aus dem Direktor der Niederlassung, zwei Oberkaufleuten, vier Assistenten, drei Dienern und einem Koch zusammensetzte (die Pferdeknechte und Botenläufer nicht mitgerechnet), bei der gut einmonatigen Reise von der Küste bis nach Isfahan rein rechnerisch 990 Mahmudi angefallen sein. Eine solche Summe scheint allerdings zu hoch angesetzt; an anderer Stelle ist für denselben Weg für die mitreisenden Diener ein Beförderungsentgelt von 35 Mahmudi pro Person für die gesamte Strecke angegeben.[654] Eine andere Form der Transportgebühr war die pauschale Abrechnung nach Gewicht, d.h. unabhängig von Reisedauer und Entfernung, wobei die in den Rechnungen angegebenen Tarife allerdings stark von einander abwichen. So werden zweimal Tarife von jeweils 27½ [655] und 30 Mahmudi[656] pro 100 *man-e Tabrīzī* genannt, was im ersten, bei einem Gesamtgewicht von 1100 *man-e Tabrīzī*, einen Betrag von 510 Mahmudi und im zweiten Fall bei einem Gewicht von 2383 *man-e Tabrīzī* die Summe von 655 Mahmudi ausmachte. In einem anderen Fall wird hingegen für 100 *man-e Tabrīzī* ein Betrag von 45 Mahmudi angegeben,[657] was bei 790 *man-e Tabrīzī* zusammen 355½ Mahmudi Ausgaben an Frachtgeld verursachte. Wirklich zuverlässige Angaben lassen sich zu den Frachttarifen allerdings nicht machen, da die übrigen Angaben zu ungenau oder zu verwirrend sind.[658]

---

[652] NA Coll. Gel. de Jongh (1.10.30), 244, fol. 1v.

[653] NA Coll. Gel. de Jongh (1.10.30), 244, fol. 1r.

[654] NA Coll. Gel. de Jongh (1.10.30), 244, fol. 13v.

[655] NA Coll. Gel. de Jongh (1.10.30), 244, fol. 14v.

[656] NA Coll. Gel. de Jongh (1.10.30), 244, fol. 8v. Bei den genannten Mengen wird nicht angegeben, ob es sich um *man-e Tabrīzī* oder *man-e šāhī* handelte, aus dem genannten Tarif ist allerdings eher auf ersteres zu schließen.

[657] NA Coll. Gel. de Jongh (1.10.30), 245, fol. 8v.

[658] An einer Stelle werden für eine Karawane, die insgesamt 3624 *man-e Tabrīzī* an Gütern beförderte, ein Tarif von sieben(!) Mahmudi pro 100 *man-e Tabrīzī* und an Frachtkosten eine Gesamtsumme von 2536¾ Mahmudi angegeben. Beim genannten Tarif hätte die Gesamtsumme allerdings nur ein Zehntel der berechneten Kosten betragen können, oder umgekehrt der tatsächliche Tarif das Zehnfache betragen müssen. Wie diese Berechnung zu-

Einen Hinweis darauf, wie umfassend die Güterbeförderung vertraglich geregelt war, und wie zügig und reibungslos sie zumindest in der Theorie vonstatten ging, geben schließlich noch die Konventionalstrafen zwischen fünf[659] und 27[660] Mahmudi, die an Esels- und Maultiertreiber als Entschädigung für die durch das verspätete Eintreffen der Karawane entstandene Wartezeit gezahlt wurden.

Die Kosten für die nächtliche Unterkunft, die bei Reisen in heutiger Zeit gewöhnlich den größten Teil der Ausgaben ausmacht, nehmen sich in den Rechnungen im Gegensatz zu den Aufwendungen für Miete und Versorgung der Last- und Reittieren vergleichsweise gering aus. Für eine Reise wird für die Wegstrecke zwischen Schiraz und Isfahan für Übernachtungen in Karawansereien und Privatquartieren eine Gesamtsumme von 13 Mahmudi angegeben.[661] Über die Kosten der Unterbringung in den Karawansereien werden in den Rechnungen bis auf die Notiz, dass man in Čāh Talḫ dem Aufseher vier Mahmudi verehrt habe,[662] keine näheren Angaben gemacht. Anscheinend nahm man in diesen Einrichtungen nur dann Unterkunft, wenn auf dem Weg keine andere Herberge vorhanden war. Bevorzugt wurden als Rastplatz eher die auf dem Weg liegenden Städte und Dörfer, in denen zudem in ausreichender Menge Proviant eingekauft werden konnte und wo die Häuser im Gegensatz zu den mitunter vernachlässigten oder baufälligen Karawanse-

stande kam, oder ob hier ein Schreibfehler vorlag, muss dahingestellt bleiben. An weiteren Beträgen werden genannt: sechseinviertel Mahmudi für 15 *man* persönliches Gepäck eines Assistenten (NA Coll. Gel. de Jongh (1.10.30), 244, fol. 8v), 175 Mahmudi für 330 *man-e Tabrīzī* Gepäck (NA Coll. Gel. de Jongh (1.10.30), 245, fol. 8v) 336¾ Mahmudi für 274 *man-e Tabrīzī* Fracht (NA Coll. Gel. de Jongh (1.10.30), 246, fol. 4r), 15 Mahmudi für die Beförderung von zwei Kisten von 40 *man* von Schiraz nach Bandar ʿAbbās (NA Coll. Gel. de Jongh (1.10.30), 244, fol. 8r) und 320 Mahmudi für den Transport von vier *cargen* Privatgepäck der Kaufleute van Thuijnen und de With (NA Coll. Gel. de Jongh (1.10.30), 244, fol. 13v). Für den Transport einer Waage, deren Gewicht mit 300 Pfund (=50 *man-e Tabrīzī*) werden 76 Mahmudi genannt (NA Coll. Gel. de Jongh (1.10.30), 244, fol. 13v). Bei anderen Transporten (zwei Packen Textilien von Schiraz nach Isfahan zu 13 Mahmudi, NA Coll. Gel. de Jongh (1.10.30), 244, fol. 11v, und private Fracht von Bandar ʿAbbās nach Isfahan zu 35 Mahmudi (NA Coll. Gel. de Jongh (1.10.30), 244, fol. 13v) fehlen zur Berechnung des Tarifs die Gewichtsangaben.

659 NA Coll. Gel. de Jongh (1.10.30), 244, fol. 7v.

660 NA Coll. Gel. de Jongh (1.10.30), 244, fol. 8v.

661 NA Coll. Gel. de Jongh (1.10.30), 244, fol. 7v.

662 NA Coll. Gel. de Jongh (1.10.30), 244, fol. 6v.

reien[663] auch größeren Komfort boten. Den Hausbesitzern auf dem Land wie in der Stadt mochte die Unterbringung von Reisenden zudem einen willkommenen Nebenverdienst geboten haben. Die überlieferten Geldgeschenke an die privaten Gastgeber betrugen dabei zwischen zwei[664] und zwölf[665] Mahmudi, wobei über die Qualität der Unterkunft oder weitere Dienstleistungen, die den Preis beeinflusst haben könnten, keine näheren Angaben gemacht werden. Für den Fall, dass bei Anbruch der Nacht keine feste Unterkunft erreicht werden konnte, hatte man außerdem noch ein oder vielleicht auch mehrere Zelte angeschafft, die wiederum instand gehalten oder repariert werden mussten. Über Größe und Beschaffungspreis ist dabei in den Rechnungen nichts Näheres gesagt. Zwei solcher Zelte mitsamt den Stangen zu transportieren kostete an Frachtgeld 24 Mahmudi.[666] Das Beschlagen der Zeltstangen mit Eisen kostete achtdreiviertel,[667] eine einzelne Zeltstange vier,[668] eine Anzahl hölzerner Zeltpflöcke einen[669] und ein Hammer zum Einschlagen anderthalb Mahmudi[670]. Dazu kamen noch Halteseile zu acht Mahmudi und vier Qazbegi und Garn zum Vernähen der Zeltbahnen zu einem Mahmudi und vier Qazbegi.[671] Mitgeführt wurde auch ein als „Kombüse“ (*combuijs*) bezeichneter tragbarer Herd, dessen Frachtpreis, wohl angesichts des Gewichts, mit 34 Mahmudi angesetzt war.[672] Neben einer warmen Mahlzeit am Tag war die Beleuchtung der Unterkunft ein weiteres Bedürfnis, für das für 15 Mahmudi zwei Kerzenhalter[673] und für den Weg von Bandar ʿAbbās nach Isfahan ein Vorrat Kerzen zu 13 Mahmudi[674] beschafft

---

663 Vgl. THEVENOT 1674, 236.

664 So in Maqṣūd Begī und Kūšk Zar (NA Coll. Gel. de Jongh (1.10.30), 246, fol. 4r). Genannt werden außerdem noch fünf Mahmudi an einen Hausbesitzer in Emāmzādeh Esmāʿīl (NA Coll. Gel. de Jongh (1.10.30), 244, fol. 6r) und drei Mahmudi an einem ungenannten Ort (NA Coll. Gel. de Jongh (1.10.30), 244, fol. 6r).

665 Ein entsprechender Betrag wurde einem Hausbesitzer in Mahyār gezahlt (NA Coll. Gel. de Jongh (1.10.30), 244, fol. 6r), wobei die Nähe zur Hauptstadt den Preis beeinflusst haben könnte.

666 NA Coll. Gel. de Jongh (1.10.30), 244, fol. 13v.

667 NA Coll. Gel. de Jongh (1.10.30), 245, fol. 7v.

668 NA Coll. Gel. de Jongh (1.10.30), 245, fol. 7v.

669 NA Coll. Gel. de Jongh (1.10.30), 245, fol. 3v.

670 NA Coll. Gel. de Jongh (1.10.30), 245, fol. 8v.

671 NA Coll. Gel. de Jongh (1.10.30), 245, fol. 7v.

672 NA Coll. Gel. de Jongh (1.10.30), 244, fol. 13v.

673 Vgl. 64.

674 NA Coll. Gel. de Jongh (1.10.30), 244, fol. 7v.

wurden. Zu den im Verlauf einer solchen Reise entstehenden Bedürfnissen mag schließlich noch ein Besuch im Badehaus gerechnet werden, um sich von Staub und Schmutz befreien zu können. Allerdings war dies (möglicherweise wegen der Heizkosten)[675] eine recht teure Annehmlichkeit, für die eine Reisegesellschaft dem Besitzer des Bades und seinen Gehilfen in Schiraz 15 Mahmudi zu zahlen hatte.[676]

Rechnet man anhand der in den Rechnungen verzeichneten Einzelposten den finanziellen Aufwand für das Versenden einer Karawane zusammen, kommt dafür schnell ein Betrag von mehreren hundert Mahmudi zusammen, woraus sich schließen lässt, dass zu dieser Zeit der Wert der beförderten Güter (die in der genannten Rechnung nicht inbegriffen war) den finanziellen Aufwand gerechtfertig haben dürfte. Ferner lassen die Informationen in den Rechnungsbüchern den Schluss zu, dass dieser Handel umfangreich genug war, um ein ganzes Dienstleistungsgewerbe aus Maklern, Karawanenführern und Pferdeknechten in Lohn und Brot zu halten. Wirklich auf den Strassen unterwegs waren zu dieser Zeit aber wohl tatsächlich nur diejenigen, deren Beruf häufige Reisen erforderte und die die dabei anfallenden Kosten auch bezahlen konnten. Für einen einfachen Handwerker, oder auch einen Handwerksmeister, der den Grossteil seines Einkommens für das tägliche Brot aufwenden musste und für den schon die Reparatur seiner Werkzeuge einen ganzen Tageslohn kosten konnte, dürfte eine längere, nicht berufsbedingte Reise jedoch mit einem schwerlich zu bewältigenden finanziellen Aufwand verbunden gewesen sein. Der Betrag von 35 Mahmudi, den ein einfacher Reisender als Beförderungsentgelt für die Strecke von der Küste nach Isfahan zu zahlen hatte, entsprach bereits beinahe dem Monatsgehalt eines Handwerkers und könnte auf anderen Strecken vielleicht noch höher gewesen sein. Hinzu kamen noch die notwendigen Ausgaben, um sich auf dem Weg verpflegen zu können, und der durch das Unterwegssein verursachte Verdienstausfall. Für einen einfachen Iraner dürfte daher z.B. eine Pilgerfahrt nach Mašhad oder zu den Heiligen Stätten im Irak allein schon in finanzieller Hinsicht ein großes Wagnis dargestellt haben, woraus nicht zuletzt auch auf eine hohe Ortsgebundenheit bei der sesshaften Bevölkerung

---

675 Einen Hinweis darauf liefert POLAK, dessen Angaben zufolge zum Heizen von Badestuben Kameldung verwendet wurde (POLAK 1865, Bd. 1, 356).

676 NA Coll. Gel. de Jongh (1.10.30), 244, fol. 7r.

Irans geschlossen werden kann.[677] Wenn für ihn nicht die Möglichkeit bestand, beispielsweise auf einer Grossbaustelle in einem anderen Teil Irans Beschäftigung zu finden, dürfte für einen Isfahaner Handwerker oder Tagelöhner seine Heimatstadt notgedrungen die sprichwörtliche Hälfte der Welt dargestellt haben.

7. Iran im globalen Vergleich

Gerade angesichts der Reise- und Transportkosten, die nicht zuletzt auch die Einbindung Irans in das Netz globaler Handelswege deutlich machten, stellt sich die Frage, auf welcher Ebene sich der Lebensstandard der breiten Bevölkerung im Vergleich zu anderen Ländern oder Regionen bewegte. Nicht zuletzt aufgrund der geographischen und kulturellen Nähe liegt dabei ein Vergleich mit den beiden großen Nachbarstaaten, also mit dem Osmanischen und dem Mogulreich, nahe. Was den ersteren betrifft, gestaltet sich hier ein solcher Vergleich problematisch, da für zu Preisen und Löhnen im Osmanischen Reich noch keine umfassenden Untersuchungen vorliegen.[678]

Besser informiert sind wir über die Situation im Moghulreich, da in den Berichten aus den dortigen VOC-Niederlassungen auch Angaben zu Löhnen und Preisen enthalten sind. Auch diese sind freilich mit Vorbehalten heranzuziehen, da auch sie nur fragmentarisch überliefert sind. Zudem sind dabei die jeweiligen örtlichen Gegebenheiten, was etwa die Ernährung oder auch die Versorgungslage betrifft, zu berücksichtigen. Wenn wir als Beispiel die Lage von Bauarbeitern und Dienstpersonal in Indien nehmen, verdiente nach den überlieferten Zahlen im Zeitraum 1637–1639 in Agra ein Zimmermann monatlich fünf Rupien und 50 Paisas, was umgerechnet 17 Mahmudi entsprach.[679] Ein Maurer verdiente sechs Rupien und 44 Paisas (19 Mahmudi

---

677 Vergleichbares lässt sich auch für das zeitgenössische Europa feststellen, wo aus den oben genannten Gründen Reisen ein Privileg der Wohlhabenden, bei gleichzeitiger Ortsgebundenheit der einfachen Bevölkerung, darstellte (vgl. Roeck 1991, 30f.).

678 Die Studien von Grehan (Grehan 2007) bietet für das osmanische Syrien immerhin wertvolle Anhaltspunkte. Einen ersten Ansatz zur Erforschung der allgemeinen Preisgeschichte im Osmanischen Reich bildet die Studie von Şevket Pamuk (Pamuk 2004).

679 Vgl. van Santen 1982, 102. Der Wert einer Rupie zu 55 Paisas betrug zu dieser Zeit eineinfünftel Gulden (vgl. Institut voor Nederlandse Geschiedenis 2000, 99 u. Kahnt/Knorr 1986, 114). Anscheinend konnten sich die Gehälter in Indien rasch nach oben oder unten entwickeln. Im Jahr 1637 etwa verdiente ein Zimmermann im Monat le-

und zwölf Qazbegi), ein Gehilfe (der z.B. den Mörtel anrührte) drei Rupien und 11 Paisas (neun Mahmudi und vier Qazbegi)[680] und ein ungelernter Arbeiter zwischen einer Rupie und 44 Paisas und drei Rupien und 11 Paisas (vier Mahmudi und sieben Qazbegi bzw. sieben Mahmudi und 14 Qazbegi). Das Monatsgehalt eines Dienstboten (*peon*)[681] lag bei dreieinhalb Rupien (acht Mahmudi und acht Qazbegi); der Monatssold eines *mīrdār* oder Offiziers („mirdar van soldaten")[682] lag bei vier Rupien (neun Mahmudi und zwölf Qazbegi)[683], derjenige eines einfachen Soldaten bei dreieinviertel Rupien (neun Mahmudi).[684] Ähnlich wie in Iran lassen auch in Indien die verfügbaren Zahlen auf erhebliche Lohnunterschiede zwischen Residenz und Provinz schließen. Betrug das Monatsgehalt eines Packhausarbeiters in Agra monatlich vierdreiviertel Rupien (elf Mahmudi und fünf Qazbegi), so verdiente sein Kollege in Nagpur hingegen lediglich zwischen drei und dreieinviertel Rupien (sieben Mahmudi und vier Qazbegi bzw. sieben Mahmudi und 16 Qazbegi).[685]

Vergleicht man also die in Agra gezahlten Löhne mit denen in Isfahan, fällt zunächst auf, dass diese in Indien nur halb so hoch wie in Iran waren – die bereits erwähnte[686] leichtere Verfügbarkeit von Arbeitskräften auf dem Subkontinent mag dabei eine Rolle gespielt haben. Andererseits waren aufgrund der Fruchtbarkeit des indischen Bodens[687] und des einfacheren Transports die Lebensmittelpreise wesentlich niedriger als in Iran. So kosteten im genannten Zeitraum 1637–1639 auf dem Markt in Agra ein *man-i Ǧahānšāhī* Gerstenmehl zwischen einer und gut zwei Rupien (zwei Mahmudi und 16 Qazbegi bzw. fünf Mahmudi),[688] dieselbe Menge an ungemahlenem Weizen zwischen 50 Paisas und zwei Rupien und 37 Paisas (knapp zwei Mahmudi bzw. sechs Mahmudi und acht Qazbegi),[689] wobei das

---

diglich vier Rupien und 39 Paisas, was im Gegenwert 13½ Mahmudis entsprach (vgl. VAN SANTEN 1982, 102).

680 Vgl. VAN SANTEN 1982, 102.

681 Vgl. Institut voor Nederlandse Geschiedenis 2000, 91.

682 Vgl. VAN SANTEN 1982, 102.

683 Vgl. VAN SANTEN 1982, 102.

684 Vgl. VAN SANTEN 1982, 102.

685 Vgl. VAN SANTEN 1982, 102.

686 Vgl. 18 u. dazu auch CHANDRA 1982, 463 u. KOLFF/VAN SANTEN 1979, 309.

687 Auf diesen Umstand hatte auch Geleynssen in seiner *Remonstrantie* verwiesen (vgl. CALAND 1929, 6f).

688 Vgl. VAN SANTEN 1982, 97.

689 Vgl. VAN SANTEN 1982, 93.

Gewicht eines *man-i Ǧahānšāhī* umgerechnet 69 Holländischen Pfund oder fünfdreiviertel *man-e šāhī* betrug.[690] Umgerechnet in iranische Gewichtseinheiten entsprach dies ungefähr acht bis 17 Qazbegi pro *man-e šāhī* Gerstenmehl und zwischen sieben Qazbegi und etwas über einem Mahmudi für ein *man-e šāhī* Weizen. Ein *man-i Ǧahānšāhī* Kichererbsen (*gram*) kostete zwischen einer und zweieinfünftel Rupien (zwei Mahmudi und acht Qazbegi und fünfeinviertel Mahmudi),[691] die gleiche Menge Hülsenfrüchte (*moth*) zwischen 43 Paisas und zwei Rupien (umgerechnet ein Mahmudi und 17 Qazbegi bzw. vier Mahmudi und 16 Qazbegi).[692] Umgerechnet in *man-e šāhī* entsprach dies Preisen von ungefähr acht bis achtzehn Qazbegi für die Kichererbsen und in etwa sieben bis 16 Qazbegi für die Hülsenfrüchte. Ähnlich wie in Iran war Reis deutlich teurer; das *man-i Ǧahānšāhī* kostete 1641–1643 in Surat (Gujarat) zwischen einer Rupie und 18 Paisas und zwei Rupien (gut drei Mahmudi bzw. viereinfünftel Mahmudi),[693] umgerechnet waren dies zwischen elf Qazbegi und eineinfünftel Mahmudi pro *man-e šāhī*. Ein kostspieliges Produkt war auch Butterfett (*ghi*), von dem ein *man-i Ǧahānšāhī* zwischen acht Rupien und elf Rupien und 35 Paisas kosteten (also zwischen $19^1/_5$ und 28 Mahmudi),[694] in iranischen Maßen und Münzen wären das zwischen drei und gut vier Mahmudi für ein *man-e Šāhanšāhī* gewesen. Zucker, der im Land produziert und auf dem Wasserweg preisgünstig transportiert werden konnte, war hingegen mit Preisen zwischen drei und sechseinhalb Rupien pro *man-i Ǧahānšāhī* (etwa sieben bis 15¾ Mahmudi),[695] oder eineinviertel bis zweidreiviertel Mahmudi für ein *man-e šāhī* deutlich billiger als in Iran.

Die Kaufkraft eines Monatslohns entsprach also im Moghulreich für Handwerker wie für Bediente und Tagelöhner der der monatlichen Einkommen ihrer jeweiligen iranischen Kollegen, da zwar die Einkünfte, aber auch die Lebensmittelpreise um die Hälfte niedriger als in Iran lagen. Der Lebensstandard großer Teile der Bevölkerung in Indien unterschied sich nur wenig von dem in Iran. Die tägliche Nahrung bestand in erster Linie aus Getreide, Reis und Hülsenfrüchten sowie dem in der Jahreszeit jeweils verfügbaren

---

690 Vgl. VAN SANTEN 1982, 92ff.
691 Vgl. VAN SANTEN 1982, 97.
692 Vgl. VAN SANTEN 1982, 97.
693 Vgl. VAN SANTEN 1982, 92.
694 Vgl. VAN SANTEN 1982, 97.
695 Vgl. VAN SANTEN 1982, 97.

Obst und Gemüse.[696] Ähnlich wie in Iran wurden Fleisch und Fisch nur in geringen Mengen verzehrt[697]. Von Buttermilch einmal abgesehen waren auch Milchprodukte für die unteren Schichten ein eher seltener Luxus,[698] und ebenso wurde das Essen gewöhnlich mit Küchenkräutern gewürzt, da Gewürze auch für den normalen indischen Konsumenten unerschwinglich waren[699]. Anstelle des auch in Indien teuren Feuerholzes wurde zum Kochen jedoch vorwiegend der wesentlich preiswertere Kuhmist verwendet.[700] Auch die Behausung der unteren Bevölkerungsschichten, ein aus Lehm oder Ziegeln errichteter Bau[701] mit nur einem Raum, in dem außer einer Anzahl Matten auf dem Fußboden, Tongefäßen und einer kupfernen Trinkkanne und einer Eisenplatte zum Brotbacken als einzigen Metallgegenständen nur wenig Hausrat zu finden war,[702] dürfte sich kaum von den Wohnhäusern der unteren Schichten in Iran unterschieden haben. Für den indischen Handwerker oder Arbeiter entfiel jedoch aufgrund der klimatischen Gegebenheiten gewöhnlich ein wichtiger Kostenfaktor in Gestalt der Ausgaben für winterfeste Kleidung und Schuhe.[703] Zweifelhaft ist jedoch, ob aus einer solchen Vergleichbarkeit des Lebensstandards in Iran und Indien auf einen vergleichbaren, relativen Wohlstand unter indischen Handwerkern und Arbeitern geschlossen werden kann. Ein zeitgenössischer europäischer Beobachter wie der VOC-Angestellte Francesco PELSAERT jedenfalls beschrieb deren Dasein als mühselig und bedrückend, da sie wegen der Konkurrenz auf dem Arbeitsmarkt gezwungen waren, sich etwa auf Baustellen zu einem Lohn von wenigen Stuijvern (d.h. gut einem halben Mahmudi) zu verdingen und zudem ständig damit rechnen mussten, vom örtlichen Gouverneur zu unentgeltlichen Arbeitsdiensten herangezogen werden, wodurch sie verurteilt seien, im Zustand von „dorre armoede […] ende bitter ellende“[704] am Rande

---

[696] Vgl. CALAND 1929, 93 u. CHANDRA 1982, 461. Eine wichtige Stelle nahmen dabei, wie wohl auch in Iran, eingelegte Gemüse ein (vgl. CALAND 1929, 93).

[697] Vgl. KOLFF/VAN SANTEN 1979, 309.

[698] Vgl. CHANDRA 1982, 462.

[699] Vgl. CHANDRA 1982, 462.

[700] Vgl. CALAND 1929, 92f. u KOLFF/VAN SANTEN 1979, 297.

[701] Vgl. CALAND 1929, 66 u. KOLFF/VAN SANTEN 1979, 315.

[702] Vgl. CHANDRA 1982, 461 u. KOLFF/VAN SANTEN 1979, 309f. ähnlich wie schon CHARDIN in Iran (vgl. CHARDIN 1811, Bd. 4, 18ff., stellte Francisco PELSAERT auch in den Häusern vornehmer Inder den Mangel an Mobiliar heraus (vgl. KOLFF/VAN SANTEN 1979, 315).

[703] Vgl. CHANDRA 1982, 459f.

[704] KOLFF/VAN SANTEN 1979, 308.

des Existenzminimums zu leben.[705] Wenn Geleynssen seine Barbiere beschuldigte, dass sie aus dem Logis in Isfahan Kupfergeschirr hätten mitgehen lassen,[706] so war er womöglich von Berichten beeinflusst, denen zufolge indische Diener ihr allzu mageres Gehalt aufbesserten, indem sie ihren Dienstherrn bestahlen.[707] Ebenso wie im Falle Irans stellte PELSAERT indes auch im Indien der Moghuln einen scharfen Gegensatz zwischen dem Lebensstandard der unteren Bevölkerungsschichten und demjenigen der Oberschicht fest.[708]

Darüber hinaus bieten die Rechnungsbücher die Möglichkeit zum Vergleich der Löhne und Preise zwischen dem Iran und den Niederlanden. Den Lebensstandard im safavidischen Iran mit demjenigen der Vereinigten Provinzen im 17. Jahrhundert vergleichen zu wollen, ist allerdings ebenso gewagt wie der Versuch, aus den Angaben der Rechnungsbücher ein allgemeingültiges Bild über Löhne und Lebenshaltungskosten zur Safavidenzeit erstellen zu wollen. Dafür gibt es eine Reihe von Gründen, zu denen zunächst einmal die unterschiedlichen geographischen und demographischen Gegebenheiten zu zählen sind. Während Iran ein von ausgedehnten Steppen- und Wüstengebieten geprägter Flächenstaat mit einer vorwiegend ländlichen und zu einem erheblichen Teil auch nomadischen Bevölkerung und einer überschaubaren Zahl weit verstreut liegender städtischer Zentren war, verfügten die Niederlande nur über ein kleines, zu einem erheblichen Teil dem Meer abgerungenes Territorium, das indes durch fruchtbare Böden, ein dichtes Verkehrsnetz aus Strassen und Kanälen und eine hohe Urbanisierung gekennzeichnet war.[709] Zudem erlebten die Niederlande zu dieser Zeit ihr \`Goldenes Zeitalter´, eine anhaltende Blüteperiode von Handel und Gewerbe, die das Land zum wohlhabendsten in Europa werden ließ. Dank ihrer gewaltigen Handelsflotte waren die Niederlande in der Lage, Getreide in großen Mengen und zu niedrigen Preisen aus dem Ostseeraum einzuführen, so dass die einheimische Landwirtschaft auf Gartenkultur und Milchwirtschaft konzentrieren konnte, mit deren Produkten die städtischen Zentren versorgt werden konnten.[710] In der Landwirtschaft selbst, aber auch in Ge-

---

[705] KOLFF/VAN SANTEN 1979, 308–311.
[706] Vgl. 24.
[707] Vgl. KOLFF/VAN SANTEN 1979, 311.
[708] Vgl. CHANDRA 1982, 468ff. u. KOLFF/VAN SANTEN 1971, 312–315.
[709] Vgl. NORTH 2001, 19–23.
[710] Vgl. NORTH 2001, 22ff. u. PRICE 1998, 8.

werbe und Industrie, dem Schiffbau und der Fischerei- und Handelsflotte bestand aufgrund des anhaltenden Booms ein großer Bedarf an Arbeitskräften. Dies wiederum führte dazu, dass die in den Niederlanden gezahlten Löhne die höchsten in Europa waren.[711] Die Generalstaaten wurden dadurch zu einem Anziehungspunkt für Arbeitsmigranten und Saisonarbeiter besonders aus Deutschland und Skandinavien, von denen viele schließlich in den Dienst der VOC traten.[712]

Über die Gehälter der VOC-Angestellten sind wir, nicht zuletzt dank der Darstellung VAN DAMs, sehr gut informiert. Hinsichtlich der in den Niederlanden gezahlten Löhne liegen hingegen nur wenige und unvollständige Zahlen vor,[713] die für einen Vergleich mit den entsprechenden Daten für Iran immerhin Anhaltspunkte geben können.

Wie dargelegt, verdiente in Isfahan (woher die umfangreichsten Daten vorliegen) ein Maurermeister pro Tag drei Mahmudi, ein Maurergeselle anderthalb Mahmudi und ein Lastenträger etwa 15 Qazbegi oder dreiviertel Mahmudi bei, wie gesagt, relativ hohen Lebenshaltungskosten. In niederländische Münze umgerechnet ergab dies für den Meister ein Gehalt von 24 Stuijver, für den Gesellen zwölf Stuijver und für den Lastenträger etwa sechs Stuijver. In den übrigen Provinzen Irans, wie z.B. in der Küstenregion, lagen die Löhne erheblich niedriger. Wie bereits erwähnt, betrug dort das Tagesgehalt 23 Qazbegi oder knapp neun Stuijver für den Maurermeister und für den Gesellen zehn Qazbegi oder vier Stuijver.[714]

Ein ähnliches Lohngefälle zwischen Kernbereich und Peripherie ließ sich auch für die Niederlande feststellen. In Leiden, einer Stadt im Einzugsbereich der Metropole Amsterdam und Zentrum der Textilindustrie, verdiente im Jahr 1637 ein Zimmermannsmeister täglich 31 Stuijver[715] oder umgerechnet knapp vier Mahmudi, ein Tagelöhner zur selben Zeit am Tag 24 Stuijver[716] oder drei Mahmudi. Im nahe gelegenen Delft betrug der entsprechende Verdienst eines Tagelöhners 1638 noch 22 Stuijver (oder zwei dreiviertel Mahmudi),[717] in den übrigen Provinzen und den benachbarten Habsburgischen Niederlanden hingegen lag er wesentlich niedriger. So erhielt

---

[711] VAN ZANDEN 1993b, 8 u. BIELEMAN 1993, 162–168.
[712] Vgl. NORTH 2001, 43ff., PRICE 1998, 56 u. besonders VAN ZANDEN 1993a, 52–56.
[713] NOORDEGRAAF 1985, 205 u. DE VRIES/VAN DER WOUDE 1995, 707.
[714] Vgl. 15.
[715] Vgl. DE VRIES 1982, 54.
[716] Vgl. DE VRIES 1982, 55.
[717] Vgl. DE VRIES 1982, 55.

1635 ein Tagelöhner in Groningen 15 Stuijver (ein Mahmudi und zwölf Qazbegi) am Tag, in Kampen (Overijssel), Arnhem sowie in Ghent und Antwerpen lag im 17. Jahrhundert der Tageslohn bei zwölf Stuijver oder anderthalb Mahmudi.[718] Der Tageslohn eines Maurermeisters wiederum betrug in Antwerpen im fraglichen Zeitraum 24 Stuijver oder drei Mahmudi.[719] Ein Oberzimmermann in Diensten der VOC verdiente zur selben Zeit bei einem Monatslohn von 48 Gulden täglich etwa 25 Stuijver, ein Obersegelmacher (*opperzijlmaker*) im Monat 18 Gulden oder am Tag knapp neun Stuijver.[720] Für einen späteren Zeitraum (1650–1679) werden als durchschnittliche Tageslöhne für einen Maurergesellen in Holland 25 Stuijver und zwei Penninge (etwas über drei Mahmudi), in den östlichen Provinzen der Generalstaaten 18 Stuijver und zwölf Penninge (zwei Mahmudi und sechs Qazbegi), die Habsburgischen Niederlande 25 Stuijver (gut drei Mahmudi) und für England und Deutschland je 18 Stuijver und 14 Penninge (zweieindrittel Mahmudi) und 15 Stuijver (etwas weniger als zwei Mahmudi) angegeben.[721] Ein ungelernter Arbeiter verdiente in den Niederlanden jeweils 18 Stuijver und 14 Penninge bzw. 13 Stuijver und zwölf Penninge (zwei eindrittel und eindreiviertel Mahmudi), in Flandern 13 Stuijver und 16 Penninge (eindreiviertel Mahmudi) sowie in England und Deutschland je zwölf Stuijver und zwei Penninge (anderthalb Mahmudi) bzw. neuen Stuijver (ein einsiebtel Mahmudi).[722] Wenigstens für niederländische Verhältnisse konnte die Compagnie mithin nicht als besonders großzügiger Arbeitgeber gelten, wobei bei diesen Gehältern allerdings noch das tägliche Kostgeld hinzugerechnet werden muss.

Vergleicht man die in Isfahan gezahlten Löhne mit denjenigen in den Niederlanden und deren Nachbarstaaten, bleibt zunächst festzuhalten, dass letztere gegenüber den in Europa üblichen Löhnen auf einem überdurchschnittlich hohen Niveau lagen. Zwar erreichten sie nicht dieselbe Höhe wie in der `Boomregion´ Holland, aber Meister wie Gesellen verdienten in der Residenz immerhin soviel wie in den östlichen Provinzen der Generalstaa-

---

718 Vgl. DE VRIES 1982, 55.

719 Vgl. DE VRIES 1982, 54.

720 Vgl. STAPEL 1927–43, Bd. I,1, 557.

721 Vgl. DE VRIES/VAN DER WOUDE 1995, 707.

722 Vgl. DE VRIES/VAN DER WOUDE 1995, 707. Einen vergleichbaren Lohnunterschied hat Bernd ROECK für die Stadt Augsburg festgestellt, wo im Jahr 1618 ein Bauhandwerker täglich 26 Kreuzer, ein Tagwerker hingegen nur sechs Kreuzer verdiente (ROECK 1991, 98).

ten[723] oder in den Großstädten in den Habsburgischen Niederlanden. Im direkten Vergleich mit Europa konnte somit Isfahan durchaus als eine wohlhabende Stadt gelten.[724] Verglichen mit den übrigen Regionen Irans scheint allerdings, soweit sich dies aus den Quellen schließen lässt, ein Preis- und Lohngefälle bestanden zu haben, das dasjenige zwischen Holland und den übrigen Provinzen sowie den Nachbarländern noch übertraf. So verdiente ein Maurermeister oder Maurergeselle in Bandar ʿAbbās nur ein Drittel dessen, was ihre Zunftgenossen in Isfahan erhielten. Wie viel in derselben Stadt ein Tagelöhner erhielt (dessen Situation in Isfahan schon prekär genug gewesen sein dürfte), kann man nur vermuten. Dabei muss offen bleiben, ob in der Provinz niedrigere Lebenshaltungskosten den Lohnunterschied zur Hauptstadt auszugleichen vermochten.[725]

Mit solchen allein auf den Geldwert bezogenen Vergleichen ist indes noch nichts darüber gesagt, inwieweit der Lebensstandard eines iranischen Handwerkers an dem eines europäischen gemessen werden konnte. Die Angaben in der einschlägigen Literatur können auch hier nur einen ungefähren Bezugspunkt bieten, da sie lediglich stichpunktartig in verschiedenen Städten erhoben worden sind, wodurch sich nicht nur aufgrund der regional unterschiedlichen Löhne und Preise, sondern auch wegen der je nach Stadt und Landschaft sehr verschiedenen Maße und Gewichte kein wirklich umfassendes Bild entwerfen lässt. Immerhin lässt sich anhand der vorhandenen Zahlen folgendes festhalten.

In Isfahan war der Lohn eines Maurermeisters von drei Mahmudi rein rechnerisch ausreichend, um täglich entweder sechs *man* Brot, drei *man* Reis oder Fleisch, ein halbes *man* Butter oder mehrere Melonen oder einige *man* Datteln einzukaufen;[726] der Lohn eines einfachen Bauarbeiters reichte für jeweils die Hälfte dieser Mengen aus. Bei einer fünfköpfigen Arbeiterfamilie

---

723 die ja auf ihre Weise auch vom reichtum Amsterdams profitierten.

724 Hinsichtlich der Durchschnittspreise lag Isfahan, verglichen mit den europäischen Metropolen, auf einer sehr gemäßigten Ebene. So lag der Preisindex in Amsterdam und Antwerpen wesentlich niedriger als in Paris, geringfügig niedriger als in London oder Istanbul, jedoch deutlich höher als in Wien oder Warschau (vgl. PAMUK 2004, 464).

725 Aufgrund der fehlenden Daten kann zudem nicht festgestellt werden, ob möglicherweise, wie im Osmanischen Reich, die Preise in anderen Provinzstädten möglicherweise noch höher als in der Hauptstadt waren (vgl. PAMUK 2004, 456).

726 D.h., wenn man die Preise zwölf Qazbegi für eine Melone in Mahyār (246, fol. 2r) oder von einem Mahmudi für ¾ *man* Datteln in Māhīn (NA Coll. Gel. de Jongh (1.10.30), 246, fol. 2r) zugrundelegt.

in den Niederlanden machten bei einem Tagesverdienst von zwölf Stuijvern (umgerechnet anderthalb Mahmudi) die täglichen Ausgaben für Nahrungsmittel neun Stuijver pro Tag oder gut die Hälfte des Jahreseinkommens aus.[727] Einkommen und Ausgaben eines niederländischen Haushaltes deckten sich also ungefähr mit denen eines Hausstandes in Isfahan. Auch bei den konsumierten Lebensmitteln unterschied sich die iranische Küche nicht sonderlich von derjenigen in den Niederlanden. Im Amsterdamer Gemeindewaisenhaus (*Burgerweeshuis*) setzte sich in den 1640er Jahren ganz ähnlich wie in Iran die tägliche Nahrung aus Brot, Milchprodukten, Hülsenfrüchten und Gemüse sowie Fleisch oder Fisch zusammen.[728] Bei den Ausgaben entfielen gut ein Fünftel auf das Brot, etwa ein Viertel auf Fleisch und Fisch, ein Drittel auf die Milchprodukte sowie knapp ein Zehntel auf Obst und Gemüse.[729] Die restlichen zehn Prozent machen Ausgaben für Getränke, Essig, Salz, Zucker und andere Gewürze aus.[730]

Die Preise alle Produkte unterlagen zwischen den einzelnen Jahren und nach Saison starken Schwankungen. Beim Getreide lässt sich ein Vergleich am ehesten bei der Gerste ziehen, da für diese sowohl der Marktpreis in den Niederlanden als auch Preis und Gewicht der von der Compagnie in Isfahan eingekauften Mengen verfügbar sind. In Isfahan war auf dem Markt (wenn auch zu jeweils unterschiedlichen Preisen (*tot diverse prijsen*) bei mehreren Anbietern)[731] das *man* Gerste für etwas weniger als einen Mahmudi zu haben.[732] An der Börse in Amsterdam wurde Gerste, als das wichtigste in den

---

[727] Vgl. DE VRIES/VAN DER WOUDE 1995, 715. Einer anderen Statistik zufolge (NOORDEGRAAF 1985, 205) lag in Alkmaar in den Jahren 1641–1643 die tägliche Kaufkraft eines Bauarbeiters bei 13,7 bis 14,9 (holländischen) Pfund Roggenbrot, umgerechnet 1,16 bis 1,24 *man*; ein Maurermeister konnte sich zwischen 20,39 und 22,2 Pfund, d.h. 1,71 bis 1,86 *man*, leisten.

[728] DE VRIES/VAN DER WOUDE 1995, 708.

[729] Vgl. DE VRIES/VAN DER WOUDE 1995, 708.

[730] Vgl. DE VRIES/VAN DER WOUDE 1995, 708. Dies bezieht sich auf die wirtschaftlich prosperierenden und zu einem großen Teil von Kriegshandlungen verschonten Niederlande. Im Gegensatz dazu machten in Süddeutschland schon Ende des 16. Jahrhunderts, zu Beginn einer lang anhaltenden Teuerung, die Ausgaben für Lebensmittel über 70 % der laufenden Ausgaben eines Handwerkerhaushalts aus (vgl. ROECK 1991, 185).

[731] Vgl. NA Coll. Gel. de Jongh (1.10.30), 244, fol. 3v, 4v, 12r u. 13r, zu Einkaufspreisen für Stroh, Gerste und Mehl siehe NA Coll. Gel. de Jongh (1.10.30), 244, fol. 3v. u. 245, fol. 3v.

[732] NA Coll. Gel. de Jongh (1.10.30), 244, fol. 2v (186½ *man* für 163 Mahmudi und drei Qazbegi), fol. 6v (169¼ *man* zu 119½ Mahmudi), 11r ($42^1/_5$ *man* zu 40½ Mahmudi); NA

Niederlanden selbst angebaute Getreide,[733] im Jahr 1641 zu Preisen zwischen 134,4 und 114,8 Gulden pro Last und 1643 für dieselbe Menge zu 108,8 Gulden gehandelt.[734] Wenn man für eine Last von einem Gewicht von 3400 holländischen Pfund ausgeht,[735] ergäbe dies für 1641 in iranische Maße und Währung umgerechnet einen Preis zwischen 19 und 16 Qazbegi und für 1643 einen Durchschnittspreis von 15 Qazbegi pro *man*. Die Getreidepreise lagen also in den Niederlanden wie in Iran auf ungefähr gleichem Niveau. Bei Weizen und Roggen, die als wichtigste Brotgetreide aus Königsberg eingeführt wurden, lagen die jeweiligen Preise erheblich höher; beim Weizen etwa 1641 zwischen 189 und 185 Gulden, und 1643 zwischen 170,33 und 175 Gulden pro *last*.[736] Beim Roggen lagen die jeweiligen Preise 1641 zwischen 128,32 und 110,60 Gulden und 1643 zwischen 116,2 und 130,2 Gulden pro *last*.[737] Dieser preisliche Unterschied relativiert sich allerdings angesichts des Umstandes, dass das jeweilige Gewicht einer *last* Weizen und Roggen wesentlich höher lag als das einer *last* Gerste.[738] Nimmt man auch hier wieder den Höchstwert als Maßstab, kostete in Amsterdam ein *man* Weizen im recht teuren Jahr 1641 18 bis 19 Qazbegi, im ertragreichen Jahr 1642 zwischen 15.2 und 16.6 Qazbegi und 1643 schließlich um 17 Qazbegi. Für ein *man* Roggen lagen die jeweiligen Preise 1641 zwischen 12.4 und 14.6 Qazbegi, 1642 zwischen zwölf und 13 Qazbegi und 1643 zwischen 13.2 und 14.8 Qazbegi. Die massenhafte Einfuhr auf dem Seeweg führte also in der Tat dazu, dass die beiden höherwertigen Getreidesorten in den Niederlanden im Vergleich zur Gerste billiger auf den Markt gebracht werden konnten und insgesamt Brotgetreide dort preiswerter als in Iran war. Reis, der ebenso wie Weizen und Roggen auf dem Seeweg eingeführt wurde, war dagegen mit Preisen zwischen umgerechnet 14 Gulden für 100 Pfund (zwei

---

Coll. Gel. de Jongh (1.10.30), 245, fol. 1v, (40 *man* zu 16¼ Mahmudi), fol. 3v (135 *man* zu 121½ Mahmudi), fol. 12r (163 *man* zu 130 Mahmudi und acht Qazbegi), fol. 14r (142 *man* zu 128 Mahmudi). In einigen Fällen lagen die Preise deutlich höher (NA Coll. Gel. de Jongh (1.10.30), 244, fol 4r: 192½ *man* zu 225 Mahmudi), in anderen wiederum erheblich niedriger (NA Coll. Gel. de Jongh (1.10.30), 244, fol. 7v, 854¾ *man* zu 267 Mahmudi), fol. 84: 60 *man* zu 26¼ Mahmudi).

733 Als Herkunftsort ist dabei Friesland angegeben, vgl. POSTHUMUS 1943, 26.

734 Vgl. POSTHUMUS 1943, 26.

735 Vgl. POSTHUMUS 1943, LV, gibt ein Gewicht zwischen 3200 und 3400 Pfund an.

736 Vgl. POSTHUMUS 1943, 1.

737 Vgl. POSTHUMUS 1943, 16f.

738 So wogen eine *Last* Weizen 4600–4800 Pfund; eine Last Roggen 4000–4200 Pfund (vgl. POSTHUMUS 1943, LV).

Mahmudi und sechs Qazbegi pro *man*) in Leiden[739] und 13 Gulden pro 100 Pfund (drei Mahmudi und vier Qazbegi pro *man*) in Amsterdam[740] deutlich teurer, und dies nicht nur im Verhältnis zu den niederländischen Getreidepreisen, sondern auch zu denen in Iran, wo ein *man* zwischen einem Mahmudi und zwölf Qazbegi und zwei Mahmudi kostete.

Dass trotz der intensiv betriebenen Viehwirtschaft Fleisch in den Niederlanden um ein vielfaches teurer war als in Iran (wo ein *man* durchschnittlich für einen Mahmudi zu bekommen war), mag sich daraus erklären, dass Bürger und öffentliche Einrichtungen ihren Bedarf nicht wie Geleynssen direkt beim Erzeuger decken konnten, sondern noch Viehhändler und Schlachter als Mittelsmänner dazwischen kamen.[741] Die einem *man* entsprechende Menge kostete im Utrecht zweieinviertel Gulden (umgerechnet 13½ Mahmudi),[742] in Leiden dagegen zweieinhalb Gulden (15 Mahmudi), wobei im letzteren Fall zwischen Rind- und Schaffleisch hinsichtlich des Preises kein Unterschied gemacht wurde.[743] Der relativ hohe Preis mag erklären, weshalb Fisch, der dank einer imposanten Fischereiflotte oder massenhafter Einfuhr aus Skandinavien zu niedrigen Preisen verfügbar war, anders als in Iran ein Volksnahrungsmittel darstellte. Matjeshering war vor allem aufgrund der aufwendigen Behandlung bei einem Preis von 104 bis 150 Gulden pro *ton* (250 Pfund), was pro *man* einem Preis zwischen zwölfeinhalb und 18 Mahmudi entsprach,[744] ein recht teueres Nahrungsmittel. Stockfisch der besseren Sorte war hingegen je nach Jahreszeit schon zu Preisen von siebendreiviertel bis neuendreiviertel Gulden für 100 Pfund (zwischen zwei Mahmudi und 15 Qazbegi und knapp drei Mahmudi pro *man*) zu haben.[745] Ein, wenn auch geringerer, Preisunterschied ließ sich auch bei den Milchprodukten feststellen. Kostete ein *man* Butter in Iran zwischen fünf und sechs Mahmudi, entsprach der Marktpreis in den Niederlanden für dieselbe Menge in Utrecht (bei einem Preis von 19½ bis 25 Gulden pro viertel *vat* (183,75 Liter) sieben bis siebeneinhalb Mahmudi pro *man*;[746] in Leiden (bei

[739] Vgl. POSTHUMUS 1964, 464.
[740] Vgl. POSTHUMUS 1964, 781.
[741] Diesen Umstand hat GREHAN auch für das frühneuzeitliche Damaskus festgestellt (vgl. GREHAN 2007, 99ff.).
[742] Vgl. POSTHUMUS 1964, 249.
[743] Vgl. POSTHUMUS 1964, 491.
[744] Vgl. POSTHUMUS 1943, 88f.
[745] Vgl. POSTHUMUS 1943, 94.
[746] Vgl. POSTHUMUS 1964, 262.

Preisen zwischen knapp 22 und gut 27 Gulden pro viertel *vat*) um die acht Mahmudi.[747] Der Preis für ein *man* Milch (der aufgrund der problematischen Umrechnung von Flüssigkeits- in Gewichtsmaß nur geschätzt werden kann) lag in Utrecht für 100 *mengel* (85 Liter) im Sommer bei drei Gulden und 15 Stuijvern,[748] im Winter bei gut vier Gulden und sieben Stuijvern;[749] in iranischer Währung ergab dies für ein *man* jeweils rund zehn bzw. zwölf Qazbegi. Dies entsprach dem Preis von durchschnittlich einem halben Qazbegi, der sich in Geleynssens Abrechnung findet, wobei freilich anzunehmen ist, dass es sich in diesem Fall eher um Ziegen- als um Kuhmilch handelte. Wie in Iran war schließlich Buttermilch auch in den Niederlanden noch einmal billiger als Rohmilch und dürfte wie auch dort die Rolle eines preiswerten Erfrischungsgetränks gespielt haben.[750] An Preisen für Obst und Gemüse in den Niederlanden werden in der Literatur lediglich diejenigen für grüne und gelbe Erbsen angegeben. Bei letzteren hätte man in Leiden im Durchschnitt vier dreiviertel und sechs dreiviertel Gulden pro *zak* (ca. 41 kg) (zwischen sieben und acht Qazbegi pro *man*),[751] in Utrecht zwischen sechs Gulden und 19 Qazbegi und neun dreiviertel Gulden pro *mud* (ca. 55 kg) (vier und sechs Qazbegi pro *man*)[752] zahlen müssen, was Hülsenfrüchte, wie in Iran, zu einem der preiswerteren Lebensmittel machte. Will man aus den im vorhergehenden Abschnitt aufgelisteten Zahlen Schlüsse auf den Lebensstandard in den Niederlanden ziehen, oder diesen mit demjenigen in Iran vergleichen, ist indes zu bedenken, dass es sich dabei um die in Amsterdam und dem weiteren Einzugsbereich der Metropole (wie in Leiden und Utrecht) aufgezeichneten Preise handelt, die im Verhältnis zu den dort gezahlten Löhnen gesehen werden müssen.[753]

Insgesamt lassen die verfügbaren Zahlen den Schluss zu, dass Brotgetreide und Fisch in den Niederlanden billiger als in Iran und Hülsenfrüchte und Molkereiprodukte ungefähr genauso teuer waren, während Fleisch eines der

---

747 Vgl. POSTHUMUS 1964, 180.

748 Preise für Utrecht und Leiden (vgl. POSTHUMUS 1964, 189 u. 262).

749 Nach den Utrechter Preisen (vgl. POSTHUMUS 1964, 262).

750 Vgl. POSTHUMUS 1964, 262 u. 475.

751 Bei grünen Erbsen lag der Preis bei fünfeinhalb und sechsdreiviertel Gulden pro *zak* (zehn bis dreizehn Qazbegi pro *man*), vgl. POSTHUMUS 1964, 453.

752 Vgl. POSTHUMUS 1964, 249; zu *zak* und *mud* vgl. POSTHUMUS 1943, LV.

753 Unglücklicherweise sind für Flandern oder die östlichen Provinzen der Niederlande, wo die Löhne vom Geldwert her denen in Isfahan entsprachen, in der bisherigen Forschung keine entsprechenden Daten veröffentlicht worden.

teuersten Lebensmittel war.[754] Bei Genussmitteln und Gütern des täglichen Bedarfs ist ein Vergleich gleichfalls nur schwer möglich, da entweder für Iran keine genauen Zahlen vorliegen,[755] die Maßeinheiten nicht miteinander verglichen werden können[756] oder dieselben Güter aus unterschiedlichen Herkunftsorten stammten und sich sowohl die Produktions- als auch die Einkaufs- und Transportkosten unterschieden. Letzteres ließ sich beispielsweise beim Zucker feststellen, der nicht wie in Iran aus China oder Bantam, sondern aus Brasilien eingeführt wurde.[757] Ein Vergleich ist dank vorhandener Daten am ehesten beim Kandiszucker möglich, der bei Preisen zwischen knapp einem und eineinviertel Gulden (ein Gulden und zwölf Stuijver) pro Pfund (elfeinhalb bis 14 Mahmudi und 14 Qazbegi pro *man*)[758] deutlich billiger war als in Iran, wo ein *man* 21¼ Mahmudi kosteten. Als Lichtquelle waren Kerzen, bei Preisen zwischen 65 und 76½ Gulden pro 100 Pfund (umgerechnet 15½ bis 16 Mahmudi und 16 Qazbegi für ein *man* Bienenwachs[759] nahezu doppelt so teuer wie in Isfahan, wo der Durchschnitt bei neun Mahmudi pro *man* lag. Rapsöl wiederum war bei Preisen zwischen 40 Gulden und 20 Stuijver und 74 Gulden pro *aam* (142,5 Liter) oder vier Mahmudi und drei Qazbegi und vier Mahmudi und sechs Qazbegi pro *man*[760] deutlich billiger als die in Iran verwendeten Ölsorten, von denen ein *man* durchschnittlich sechs Mahmudi kostete. Bei den Heizmaterialien wiederum findet sich in den Niederlanden für Kohle ein exorbitanter Preis von 156 Gulden für 100 Pfund angegeben, womit ein *man* gut 37 Mahmudi gekostet hätte.[761] Im Vergleich dazu war in den Niederlanden allerdings, wie

---

754 Die Ernährung eines Isfahaner Handwerkers war dabei nicht allzu verschieden von der eines Zunftbruders in Istanbul, der für den Einkauf von Lebensmitteln 75 bis 80 Prozent seines Einkommens berechnen musste, wobei 32 bis 40 Prozent der entsprechenden Ausgaben auf den Einkauf von Brot und fünf bis acht Prozent auf den von Fleisch entfielen (vgl. PAMUK 2004, 453).

755 Wie erwähnt, wird in den Rechnungen beim eingekauften Papier keine genaue Menge angegeben, so dass ein Vergleich mit den Niederlanden, wo der Preis pro *riem* (960 Bogen, vgl. KAHNT/KNORR 1986, 253) berechnet wurde (POSTHUMUS 1943, 749), nicht möglich ist.

756 Brennholz wurde etwa in den Niederlanden nicht nach Gewicht, sondern in *vaam*, einem Hohlmaß, gewogen (POSTHUMUS 1964, 754). Zum *vaam* vgl. KAHNT/KNORR 1986, 333.

757 Vgl. POSTHUMUS 1943, 122.

758 Vgl. POSTHUMUS 1943, 130f.

759 Vgl. POSTHUMUS 1964, 239.

760 Vgl. POSTHUMUS 1964, 251, zum *aam* vgl. POSTHUMUS 1943, LIV.

761 Vgl. POSTHUMUS 1964, 503.

beim Kuhmist in Indien,[762] mit Torf eine überaus billige Alternative vorhanden, von der eine *ton* (etwa 28 *man*) 16 Stuijver oder umgerechnet zwei Mahmudi kostete.[763] Eine warme Mahlzeit war also in den Niederlanden unter Umständen billiger als in Iran zu bekommen.

Wollte man anhand dieser Zahlen den Lebensstandard eines niederländischen oder flämischen Handwerkers mit dem seines iranischen Kollegen vergleichen, müsste man neben den Ausgaben für das tägliche Brot freilich noch diejenigen für Kleidung, Hausrat, Arbeitsgerät und nicht zuletzt auch Mieten und Reparaturkosten am Haus berücksichtigen, zu denen allerdings zum gegenwärtigen Zeitpunkt praktisch keine Daten vorliegen. Was sich anhand der Lebensmittelpreise jedoch festhalten lässt ist, dass diese bei den Einkommen in Iran wie in Europa den größten Teil der laufenden Ausgaben ausmachten, und dass z.B. Kleidung, neues Werkzeug und Renovierungsarbeiten kostspielige Investitionen darstellten. Ein niederländischer wie ein iranischer Handwerker dürften gleichermaßen gezwungen gewesen sein, jeden Penning bzw. Qazbegi zweimal umzudrehen, und Teuerung oder Krankheit konnten unter diesen Umständen auf das Schicksal einer ganzen Familie verheerende Auswirkungen haben. Noch schwieriger erscheint es angesichts der dürftigen Datenlage, den Lebensstandard im safavidischen Iran mit dem in anderen Regionen Asiens vergleichen zu wollen. Wie schon die Erläuterung in VAN DAMs Beschreibung, die die überdurchschnittlich hohen Gehälter der einheimischen Angestellten der Compagnie mit den hohen Lebenshaltungskosten in Iran begründete,[764] nahm Iran innerhalb des Wirkungsbereichs der VOC cinc Sonderstellung ein. Wie schon am Beispiel des Moghulreiches gezeigt, dürfte sich neben Indien insbesondere in China oder dem malaiischen Archipel, wo schon aufgrund der wesentlich größeren Bevölkerung Arbeitskräfte billig und der Konkurrenzdruck wesentlich größer waren, die Lage für einen Handwerker noch viel düsterer dargestellt haben.

---

[762] Vgl. KOLFF/VAN SANTEN, 297.

[763] Vgl. POSTHUMUS 1964, 503. Ein *vaam* Brennholz (ca. ein Kubikmeter) kostete dagegen schon fünf Gulden und zwölf Stuijver, oder umgerechnet elfeinhalb Mahmudi (vgl. POSTHUMUS 1964, 754). Allerdings entsprach diese Menge im damaligen Paris bereits dem jährlichen Bedarf für ein Kaminfeuer (vgl. ROCHE 2000, 131).

[764] Vgl. 19.

8. ZUR PREISENTWICKLUNG IN DER FOLGEZEIT

Einen möglichen Hinweis auf ein solches Lohn- und Preisgefälle in Asien liefern wiederum die Erinnerungen Johann Gottlieb WORMs, des Augenzeugen der Hungersnot von 1718. WORM zufolge war ungefähr zu derselben Zeit in den Garküchen von Batavia eine komplette Mahlzeit mit Reis, frischem Gemüse, Fleisch oder Fisch und Joghurt für zwei *stuijver* (nach damaligem Wert umgerechnet dreieinhalb Qazbegi) zu bekommen.[765] Für ihn als einfachen Soldaten in Diensten der Compagnie stellte dies anscheinend ein gewöhnliches Mittagessen dar, während im Haus eines Isfahaner Handwerkers ein derartiges Menü schon ein kostspieliges Festmahl bedeutet hätte.

Was die zu dieser Zeit gezahlten Gehälter und Kostgelder betraf, hatte sich für die Bedienten der VOC das Lohnniveau seit den Tagen Geleynssen den Jonghs kaum verändert. So betrug für die Angehörigen von Johann Josua Ketelaars Gesandtschaft an den Hof in Isfahan 1717/18 die tägliche *rantsoen* für einen Unterkaufmann täglich drei, für einen Chirurgen zweieinhalb und einen Assistenten zwei Mahmudi,[766] während für einen einfachen Soldaten wie WORM mit anderthalb Mahmudi pro Tag veranschlagt wurden.[767] Einheimischen Dienern wurde auf der Hin- ein tägliches Kostgeld von eineinviertel Mahmudi[768] und auf der Rückreise von einem Mahmudi pro Tag gezahlt.[769] Eine Sonderstellung nahm auch hier der die Gesandtschaft begleitende *tolk* Joseph Sahid ein, dem angesichts seiner wichtigen Rolle als Verbindungsmann zum Hof ein tägliches Kostgeld von drei Mahmudi berechnet wurde.[770] Der (auf Reisen allerdings ohnehin höhere) Tagessatz beim Kostgeld für das einheimische Personal lag mithin deutlich über demjenigen, der den iranischen Dienern der Compagnie zu Zeiten Geleynssen de Jonghs zugemessen wurde.[771] Auch die Gehälter der Bedienten waren im ersten Drittel des 18. Jahrhunderts teilweise deutlich höher als in den 1640er Jahren. Beispielsweise erhielt ein Hausdiener ein Monatsge-

---

[765] Vgl. WORM 1737, 121.

[766] NA VOC (1.02.04), 1913, fol. 532.

[767] NA VOC (1.02.04), 1913, fol. 532.

[768] NA VOC (1.02.04), 1913, fol. 525.

[769] NA VOC (1.02.04), 1913, fol. 532.

[770] NA VOC (1.02.04), 1913, fol. 524. Dem einheimischen Personal zugerechnet wurde ferner der die Gesandtschaft begleitende, für die Versorgung zuständige *mehmāndār* („defroijeermeester"), der als königlicher Beamter seinem Rang entsprechend eine tägliche *rantsoen* von 20 Mahmudi erhielt (1913, fol. 524).

[771] NA Coll. Gel. de Jongh (1.10.30), 244A, fol. 2r–7r.

halt von 45 Mahmudi.[772] Die Köche, Wasserträger und Diener mit repräsentativen Aufgaben, wie ein auf die Bewirtung von Besuchern spezialisierter Diener (`Kaffeekocher'/*kofij koker*), der *silāḥdār* oder Schwertträger (*houwerdrager*)[773] und der *boxia* (*baḫšī*)[774] im Gefolge von Ketelaars Gesandtschaft[775] erhielten monatlich 40 Mahmudi. Etwa gleichgestellt waren die Pferdeknechte, von denen ein einfacher Knecht 40 Mahmudi, ein Stallmeister (*miragoor* bzw. *mīr āḫōr*) hingegen 45 Mahmudi im Monat an Gehalt und Kostgeld erhielten.[776] Eilboten[777] und die persönlichen Diener der subalternen VOC-Angestellten empfingen ein Monatsgehalt von 35 Mahmudi.[778] Zum Vergleich: Im Jahr 1641 lagen die Monatsgehälter für den Pförtner[779] und Hausdiener[780] des Isfahaner Logis bei 25 Mahmudi, für einen Leibdiener bei 30 bis 35 Mahmudi[781] und für einen Botenläufer,[782] Pferdeknecht[783] und einheimischen Koch[784] bei je 30 Mahmudi. Die gestiegenen Gehälter bei einem bei der VOC sonst konstanten Lohnniveau mögen zum Teil durch die langfristig gestiegenen Lebenshaltungskosten[785] bedingt gewesen sein. So berichtet DE BRUIJN, der einige Jahre vor Ketelaar und WORM Isfahan besucht hatte, dass dort Lebensmittel im Überfluss zu haben gewesen seien.[786] Die von ihm angegebenen Preise von acht bis zehn Stuijver (ein bis eineinfünfel Mahmudi) für ein *man-e šāhī* Brot, sowie von 20 bis 24 Stuijver (zweieinfünftel bis drei Mahmudi) sowie von sechs Gul-

---

[772] NA VOC (1.02.04), 1913, fol. 525 u. fol. 532.

[773] Vgl. zu diesem Amt FLOOR 2001, 147.

[774] Dieser Titel bezeichnet üblicherweise einen Militärzahlmeister oder auch Truppenführer (Institut voor Nederlandse Geschiedenis 2000, 15), wird aber hier mit „Mantelträger“ (*manteldraeger*) übersetzt; über seine tatsächliche Funktion kann daher anhand der hier behandelten Quellen nicht ermittelt werden.

[775] NA VOC (1.02.04), 1913, fol. 525 u. fol. 532.

[776] NA VOC (1.02.04), 1913, fol. 526, 528 u. fol. 532.

[777] NA VOC (1.02.04), 1913, fol.534.

[778] NA VOC (1.02.04), 1913, fol. 526.

[779] NA Coll. Gel. de Jongh (1.10.30), 244, fol. 3r.

[780] NA Coll. Gel. de Jongh (1.10.30), 244, fol. 5r.

[781] NA Coll. Gel. de Jongh (1.10.30), 244, fol. 2r, 3v u. 4r.

[782] NA Coll. Gel. de Jongh (1.10.30), 244, fol. 3r.

[783] NA Coll. Gel. de Jongh (1.10.30), 244, fol. 2r.

[784] NA Coll. Gel. de Jongh (1.10.30), 244, fol. 12r.

[785] Vgl. dazu KEYVANI 1982, 120f.

[786] Vgl. DE BRUIJN 1714, 179.

den (zwölf Mahmudi) für die jeweils gleiche Menge Reis und Butter[787] lagen jedoch deutlich über dem Niveau zur Zeit Geleynssen de Jonghs. Ein anderer Grund für die hohen Kostgelder zu Beginn des 18. Jahrhunderts lag jedoch auch in der zu dieser Zeit herrschenden Hungersnot und allgemeinen Teuerung, der „extraordinaire[n] duurte inde weg“[788], die in Ketelaars Bericht als Begründung für die erhöhten Personalkosten[789] angeführt wird. Die Angaben in Ketelaars Abrechnung lassen gleichfalls nicht auf eine allgemeine Inflation und in der Folge gestiegene Löhne und Preise schließen. Konkrete Informationen zu während der Gesandtschaft gezahlten Löhnen finden sich nur an einer Stelle, als auf dem Weg nach Isfahan für ihre Hilfe bei der Überquerung eines Flusses bei Kourestān an zwanzig Mann insgesamt 80 Mahmudi, d.h. pro Kopf jeweils vier Mahmudi, ausgezahlt wurden.[790] Dies war zwar doppelt soviel als der höchste in den Abrechnungen verzeichnete Tageslohn für einfache Arbeiter, der seinerzeit für das Freischaufeln des Hausdachs in Isfahan gezahlt worden war.[791] Angesichts des Umstandes, dass die Überquerung in der Nacht unternommen und die Pferde dabei bis zum Bauch im Wasser standen,[792] dürfte es sich bei der Überquerung allerdings um ein wesentlich gefährlicheres und viel Umsicht erforderndes Unternehmen gehandelt haben. Auf der Rückreise wurden für dieselbe Aufgabe ein ähnlicher Betrag von 90 Mahmudi an Wegweiser und Kameltreiber (*wegwijsers en cameliers*) gezahlt,[793] also an Spezialisten, die für ihre Tätigkeit ohnehin ein höheres Gehalt fordern konnten. Alle anderen Angaben zu Gehältern sind zu pauschal, um Aussagen über das Lohnniveau treffen zu können. Für das Verzinnen von Geschirr werden einmal 34 Mahmudi[794] und für das Beschlagen von Pferden und Mauleseln in Schiraz und Lār 98 Mahmudi berechnet[795]. Angesichts des Umstandes, dass Ketelaars Gesandtschaft 82 Personen

---

[787] Vgl. DE BRUIJN 1714, 180. Anders als die VOC (vgl. S.95) berechnete DE BRUIJN den Wert eines Mahmudi dabei noch mit acht Stuijvern.

[788] NA VOC (1.02.04), 1913, fol. 526.

[789] „Welke in dese extraord[inair] durre tijd soo aan maand als costgelden niet minder sijn te bedingen geweest“, NA VOC (1.02.04), 1913, fol. 525.

[790] NA VOC (1.02.04), 1913, fol. 529.

[791] NA Coll. Gel. de Jongh (1.10.30), 244A, fol. 2r.

[792] NA VOC (1.02.04), 1901, fol. 978v-979r.

[793] NA VOC (1.02.04), 1913, fol. 535.

[794] NA VOC (1.02.04), 1913, fol. 533.

[795] NA VOC (1.02.04), 1913, fol. 534. An anderer Stelle sind für das Beschlagen “op dijverse reijsen” 163 Mahmudi verzeichnet (NA VOC (1.02.04), 1913, fol. 528).

umfasste[796] und mit 86 Reit- und Lasttieren unterwegs war,[797] sind derartige Kosten allerdings nicht verwunderlich. Ähnlich verhielt es sich mit den Geldgeschenken, die während der Reise örtlichen Würdenträgern und deren Dienern überreicht wurden. Dazu zählten die Übergabe von 200[798] bzw. 150 Mahmudi[799] and die Statthalter von Schiraz und Lār für den erwiesenen standesgemäßen Empfang mit Zuckerwerk, Kaffee und Rosenwasser, oder das Geschenk von zehn Mahmudi an die Diener der örtlichen Notabeln in Ǧahrom für das Überbringen von Konfekt und Datteln.[800]

Auch die Geschenke Ketelaars von 110 Mahmudi an einen Einwohner von Schiraz, in dessen Haus die Gesandtschaft einige Tage logiert hatte[801] und von 100 Mahmudi an den Besitzer eines Gartens, der gleichfalls mehrere Tage als Unterkunft diente,[802] entsprach ebenso wie die Zahlung von insgesamt 200 Mahmudi an die Zöllner in den auf dem Weg gelegenen Mautstationen[803] den Erfordernissen einer würdigen Repräsentation als Gesandter einer souveränen auswärtigen Macht. Zu diesen Erfordernissen gehörte auch die entsprechende Ausstattung der Reitpferde. Für eine neuwertige Schabracke aus rotem, mit Gold durchwirktem Tuch lagen die Preise zwischen 220 und 525 Mahmudi;[804] für einen kompletten, mit Samt überzogenen Sattel samt Zaumzeug und kupfernen Steigbügeln bei 110 Mahmudi.[805] Überhaupt waren Textilien guter Qualität nach wie vor eines der teuersten Handelsgüter, wobei etwa ein *gaz* rotes Wolltuch 20 Mahmudi[806] und ein mit Stoff überzogener und mit Nägeln versehener Jachtan 40 Mahmudi[807] kosteten. Bei anderen Artikeln hatten sich hingegen im Vergleich zu den frühen 1640er Jahren die Preise nur wenig verändert. Ein mit Leder überzogener

[796] NA VOC (1.02.04), 1913, fol. 524–525.

[797] NA VOC (1.02.04), 1913, fol. 532. Entsprechend waren auch die Ausgaben für Tierarzneien, die sich auf der Hin- auf 43½ (NA VOC (1.02.04), 1913, fol. 528) und auf der Rückreise auf 56 Mahmudi (NA VOC (1.02.04), 1913, fol. 534) beliefen.

[798] NA VOC (1.02.04), 1913, fol. 535.

[799] NA VOC (1.02.04), 1913, fol. 535.

[800] NA VOC (1.02.04), 1913, fol. 529.

[801] NA VOC (1.02.04), 1913, fol. 534.

[802] NA VOC (1.02.04), 1913, fol. 529.

[803] NA VOC (1.02.04), 1913, fol. 529.

[804] NA VOC (1.02.04), 1913, fol. 518.

[805] NA VOC (1.02.04), 1913, fol. 518. Bei anderen mit Samt bezogenen, aber einfacher ausgeführten Sätteln lag der Preis bei 80 Mahmudi (1913, fol. 518).

[806] NA VOC (1.02.04), 1913, fol. 520.

[807] NA VOC (1.02.04), 1913, fol. 520.

Jachtan war mit 14 Mahmudi[808] nur geringfügig teurer als zu Zeit Geleynssen den Jonghs,[809] während die zugehörigen Schlösser mit Schlüssel genauso viel kosteten wie ehedem[810]. Auch eine einfache Pferdedecke, ein lederner Wassereimer und ein Pferdehalfter waren mit jeweils fünf,[811] sieben[812] und dreieinhalb Mahmudi[813] kaum kostspieliger als acht Jahrzehnte zuvor.[814] Erheblich teurer geworden waren allerdings Metallprodukte. Der Preis von 22¾ Mahmudi für einen kupfernen Trinkkessel war beim angegebenen Gewicht von dreieinachtel *man-e šāhī* wenig verwunderlich.[815] Ein Hammer und eine Schaufel kosteten mit je drei[816] und siebeneinhalb Mahmudi[817] doppelt soviel,[818] ein Rosskamm mit drei Mahmudi dreimal soviel[819] wie in der ersten Hälfte des 17. Jahrhunderts. Vergleichsweise billig war dagegen ein kleiner Heizofen für zwei Mahmudi.[820]

Dass sich die Preise für die meisten Gebrauchswaren auch nach mehreren Jahrzehnten offensichtlich auf beinahe demselben Stand befanden, bedeutete andererseits, dass in Zeiten der Teuerung die mit ihrer Herstellung beschäftigten Handwerker die gestiegenen Ausgaben für Lebensmittel nicht durch höhere Verkaufspreise wettmachen konnten. Bei einer Verknappung der Nahrungsmittel konnte für sie der Tod durch Verhungern rasch zu einer realen Gefahr werden, wie nicht zuletzt auch aus WORMS Schilderung des

---

808 NA VOC (1.02.04), 1913, fol. 520.

809 NA Coll. Gel. de Jongh (1.10.30), 244, fol. 3v, wo als Preis zwölf Mahmudi genannt werden.

810 NA Coll. Gel. de Jongh (1.10.30), 244, fol. 7v, hier kostete ein solches Schloss zweieinhalb Mahmudi.

811 NA VOC (1.02.04), 1913, fol. 528.

812 NA VOC (1.04.02), 1913, fol. 520.

813 NA VOC (1.04.02), 1913, fol. 519.

814 Damals kosteten eine Pferdedecke zwischen fünfeinhalb (244, fol. 3v) und sechs (NA Coll. Gel. de Jongh (1.10.30), 245, fol. 12v) Mahmudi, ein Ledereimer mit Seil achteinhalb Mahmudi (34, fol. 6v) und ein Halfter zwischen zweieinhalb (NA Coll. Gel. de Jongh (1.10.30), 245, fol. 2v) und drei Mahmudi (NA Coll. Gel. de Jongh (1.10.30), 244, fol. 1v).

815 NA VOC (1.02.04), 1913, fol. 519.

816 NA VOC (1.02.04), 1913, fol. 519.

817 NA VOC (1.02.04), 1913, fol. 519.

818 Ein Hammer kostete damals anderthalb (NA Coll. Gel. de Jongh (1.10.30), 245, fol. 8v), eine Schaufel dreieinhalb Mahmudi (NA Coll. Gel. de Jongh (1.10.30), 244, fol. 4r).

819 Für die damalige Zeit sind Preise von zwölf (NA Coll. Gel. de Jongh (1.10.30), 244, fol. 14r) und 16 Qazbegi (NA Coll. Gel. de Jongh (1.10.30), 245, fol. 1v) angegeben.

820 NA VOC (1.02.04), 1913, fol. 520.

Elends in Isfahan ersichtlich wird. Die iranischen Compagniediener hatten somit Glück, Angestellte eines ausländischen Unternehmens zu sein, das ihnen sowohl ein regelmäßiges Gehalt zahlte als auch kapitalkräftig genug war, die notwendigen Mittel für eine ausreichende Versorgung seiner Untergebenen aufbringen zu können.

Wie sich zu dieser Zeit die Lebensverhältnisse für die übrige Bevölkerung gestalteten, mag man sich lieber nicht vorstellen. Ein Indiz für die herrschende Not mag der Hinweis in Ketelaars Abrechnung bieten, demzufolge der die Gesandtschaft begleitende *mehmāndār* (Proviantmeister) auf der Strecke zwischen Bandar ʿAbbās und Lār von den verarmten Dorfbewohnern keine Mittel zur Bewirtung und Ausstattung der Gesandtschaft einzutreiben vermochte.[821] Auch das Geschenk von 100 Mahmudi an den *mehmāndār* in Schiraz[822] könnte als Anerkennung dafür gedacht gewesen sein, dass es ihm gelungen war, für die Gesandtschaft die benötigte Verpflegung aufzutreiben, und die reiche Entlohnung des genannten Gartenbesitzers mag gleichfalls eine zusätzliche Vergütung für gelieferte Lebensmittel gewesen sein.

Zu den tatsächlichen Preisen für Lebensmittel oder Schlachtvieh sind in Ketelaars Bilanzen leider keine Zahlen zu finden. Die wenigen in diese Richtung gemachten Angaben weisen gleichfalls auf stagnierende Preise hin. Der Preis für Lampenöl etwa, das einige Jahrzehnte zuvor noch zwischen drei[823] und siebeneinhalb[824] Mahmudi pro *man* gekostet hatte, lag nun immer noch bei vier Mahmudi pro *man*,[825] und der veranschlagte Tagessatz an Futter für ein Pferd lag, folgt man Ketelaars Angaben, auch in Zeiten der Teuerung wie schon in der Vergangenheit[826] bei einem Mahmudi pro Tag.[827] Ebenso war der Schätzpreis der der VOC zum Geschenk gemachten Pferde teilweise deutlich gesunken. Wurde der Wert eines Pferdes bei der Ausfuhr 1643 noch mit durchschnittlich 250 Gulden (500 Mahmudi) veranschlagt,[828] lag er nun zwischen 106 Gulden und fünf Stuijvern (212 Mahmudi und 13

---

[821] NA VOC (1.02.04), 1913, fol. 537.
[822] NA VOC (1.02.04), 1913, fol. 535.
[823] NA Coll. Gel. de Jongh (1.10.30), 244, fol. 6v.
[824] NA Coll. Gel. de Jongh (1.10.30), 245, fol. 1v.
[825] NA VOC (1.02.04), 1913, fol. 533.
[826] NA Coll. Gel. de Jongh (1.10.30), 244A, fol. 1v.
[827] NA VOC (1.02.04), 1913, fol. 533.
[828] NA VOC (1.02.04), 1144, Geleynssen de Jongh, Bandar ʿAbbās, nach Batavia, 23. Mai 1643, fol. 503r.

Qazbegi)[829] und 255 Gulden (510 Mahmudi).[830] Das Ausmaß der tatsächlichen Verelendung, das zu dieser Zeit in weiten Teilen Irans herrschte, lässt jedoch ein von WORM überlieferter Vorfall erahnen. Von einem Pferd, das im Stall des Isfahaner Logis an einer Kolik verendet war und dessen Kadaver man wegen des von ihm ausgehenden Gestanks[831] kurzerhand auf die Strasse hinausgeschafft hatte, wurde von hungernden Einwohnern in kurzer Zeit „alles Fleisch von dem Aas weggeholet".[832] Zweifellos befand sich Iran zur damaligen Zeit, zur See von den aggressiv vorgehenden Omanis[833] und zu Lande von einfallenden Usbeken[834] und Balučen[835] bedroht, in einer besonderen Notlage. Deutlich wird allerdings auch, wie sehr das Leben der Untertanen von einer funktionierenden Regierung abhing, und wie verhängnisvoll politische Unruhen oder Missernten für die einfache Bevölkerung werden konnten, die von den Folgen dieser Ereignisse mit voller Härte getroffen wurde.[836]

9. ZUSAMMENFASSUNG

Die Rechnungsbücher Geleynssen de Jonghs bieten, trotz der selektiven Angaben zu Kosten und Löhnen, tiefe Einblicke in das Alltagsleben und die materiellen Bedingungen im Iran zu Beginn der Herrschaft ʿAbbās' II. Durch die in ihnen verzeichneten Mitteilungen über Löhne und Preise wie auch über Einkäufe und sowie Bau- und Reparaturarbeiten ist es dabei vor allem möglich, Aufschlüsse über die Bedürfnisse eines iranischen Haushalts,

---

829 NA VOC (1.02.04), 1913, fol. 521–522.

830 NA VOC (1.02.04), 1913, fol. 523. Andere Pferde wurden mit Preisen von 127½ Gulden (255 Mahmudi), 148¾ Gulden (296½ Mahmudi), 170 Gulden (340 Mahmudi) und 212½ Gulden (425 Mahmudi) taxiert (NA VOC (1.02.04), 1913, fol. 521–523). Der Einkaufspreis eines Maulesels lag zwischen 85 Gulden (170 Mahmudi) und 127½ Gulden (255 Mahmudi) (NA VOC (1.02.04), 1913, fol. 523). Bei allen genannten Preisen ist darüber hinaus noch der drastische Wertverlust iranischer Münzen unter der Herrschaft Šāh Solṭān Ḥoseyns in Betracht zu ziehen (vgl. FLOOR 2000, 84).

831 NA VOC (1.02.04), 1901, fol. 1030v.

832 WORM 1737, 293.

833 NA VOC (1.02.04), 1913, fol. 381–384, fol. 417–421 u. fol. 493–502.

834 NA VOC (1.02.04), 1901, fol. 1159r–1160r.

835 NA VOC (1.02.04), 1913, fol. 408–410.

836 Zu diesem in Mitteleuropa zur gleichen Zeit infolge des Dreißigjährigen Krieges in aller Deutlichkeit hervorgetretenen Zusammenhang von Teuerung, Hunger und Seuchensterblichkeit vgl. ROECK 1991, 204f.

den Lebensstandard der breiten Bevölkerung und nicht zuletzt über die allgemeine wirtschaftliche Lage Irans zur Safavidenzeit zu gewinnen.[837]

Feststellen lässt sich dabei zunächst einmal, dass Iran im Vergleich zu den Zentren der damaligen Weltwirtschaft wie China und Indien einen Sonderfall darstellte. Zunächst einmal lag das Lohnniveau für Hausangestellte und Handwerker deutlich höher als in anderen Regionen Asiens, wobei zwischen der Hauptstadt und den Provinzen abermals ein spürbares Lohn- und Preisgefälle bestand. Nimmt man als Vergleich zu den übrigen Gegenden Asiens die Einkommensverhältnisse in den Niederlanden heran, verdienten Einheimische Bedienstete der VOC im Durchschnitt ebensoviel wie Angestellte europäischer Herkunft, wobei die Compagnie allerdings bei den Zeitgenossen im Ruf stand, ein knauseriger Arbeitgeber zu sein. Im Vergleich zu den städtischen Zentren Hollands fiel in Isfahan als politischem und wirtschaftlichen Zentrum des Landes der Tagesverdienst eines Handwerkers oder Tagelöhners wesentlich geringer aus und entsprach eher den Einkommen in der Peripherie, wie z.B. den östlichen Provinzen der Generalstaaten oder in den Habsburgischen Niederlanden. Damit waren die Löhne zumindest in Isfahan selbst immer noch höher als in vielen Regionen Europas. Die relativ hohen Gehälter erklärten sich allerdings nicht, wie in den westlichen Niederlanden, durch eine große wirtschaftliche Dynamik, die zu einem gestiegenen Bedarf an Arbeitskräften und dadurch auch zu überdurchschnittlichen Löhnen (bei entsprechenden Lebenshaltungskosten) führte, sondern vielmehr durch die geringe Bevölkerungsdichte, aufgrund derer Arbeitskräfte ein seltenes und wertvolles Gut waren. Für vornehme Iraner war dementsprechend eine große Zahl von Bediensteten ein wichtiges Statussymbol. Bei den Löhnen selbst bestanden je nach Beruf und Qualifikation noch einmal erhebliche Unterschiede. Ein Hausdiener des VOC-Logis in Isfahan verdiente mit Lohn und Kostgeld im Monat in etwa soviel wie ein einfacher Matrose oder Soldat in Diensten der Compagnie, während ein Dolmetscher ein Gehalt bezog, das dem eines mittleren VOC-Angestellten entsprach. Ihm hinsichtlich seines Einkommens ungefähr gleichgestellt war ein Isfahaner Handwerksmeister, während ein Geselle die Hälfte, Lehrlinge und ungelernte Arbeiter ein Drittel eines Meisterlohnes verdienten. Noch etwas schlechter gestellt waren einfache Tagelöhner, die für z.T. schwerste körperliche Arbei-

[837] Zu bedenken ist freilich, dass im genannten Zeitraum Iran tatsächlich eine wirtschaftliche Blütephase erlebte (vgl. Floor 2000, 61).

ten am Tag gerade einmal ein Viertel des Gehalts eines Handwerksmeisters erhielten.

Ungeachtet des im internationalen Vergleich relativ hohen Lohnniveaus war im Vergleich zu den Niederlanden der Lebensstandard der breiten Masse der Bevölkerung eher bescheiden. Sieht man einmal von der verschwenderischen Küche bei Hofe ab, war die tägliche Ernährung, die sich überwiegend aus Brot, Milchprodukten sowie Obst und Gemüse, und in geringerem Maße aus Reis und Fleisch zusammensetzte, recht frugal. Für einen einfachen iranischen Haushalt entfielen dadurch zwar die Ausgaben für Luxuswaren wie Gewürze. Anders als in den Niederlanden, wo durch eine gewaltige Handelsflotte, eine gut entwickelte Infrastruktur und fruchtbare Böden die städtischen Zentren stets mit preiswerten Lebensmitteln versorgt werden konnten, war die entsprechende Versorgung in Iran mit seinen kargen Landschaften und weit auseinanderliegenden Siedlungsgebieten wesentlich schwieriger.[838] Dadurch bedingt lagen die Preise auch für Grundnahrungsmittel teilweise deutlich höher als in den Niederlanden, und der größte Teil eines durchschnittlichen Einkommens dürfte dazu gedient haben, das tägliche Brot zu beschaffen. Eine ausreichende, ausgewogene Ernährung war daher eher das Privileg von Facharbeitern und Handwerksmeistern, während ein Tagelöhner sich mit einer täglichen Diät aus Brot, Trockenfrüchten und Buttermilch begnügen musste und buchstäblich gezwungen war, von der Hand in den Mund zu leben. Die in Geleynssen de Jonghs Abrechnungen erwähnten, mitunter großzügigen Geldgeschenke an einfache Beamte und Diener dürften angesichts dessen nicht nur eine höfliche und sowohl Wohlwollen als auch Loyalitäten fördernde Geste gewesen, sondern für viele Empfänger als Zusatzverdienst von existentieller Bedeutung gewesen sein.

Der finanzielle Spielraum für andere Ausgaben war immer sehr begrenzt. Wenigstens für Möbel und Hausrat dürften angesichts der im Vergleich zu Europa kargen Ausstattung iranischer Wohnhäuser keine großen Kosten entstanden sein.[839] Allerdings fielen auch hier Ausgaben für Eß- und Koch-

---

[838] Vgl. zur Siedlungsstruktur Irans in der Safavidenzeit FLOOR 2000, 249f. Für den genannten Zeitraum geht FLOOR von einer Gesamtbevölkerung von neun Millionen aus, von denen 15 Prozent in Städten lebten (vgl. FLOOR 2000, 2f. u. 327). Andere Autoren sprechen von einer Gesamtbevölkerung von sechs Millionen Menschen (vgl. MATTHEE 2010, 235), von denen zwischen 200.000 und 500.000 in oder in der Umgebung von Isfahan lebten (vgl. BLAKE 1999, 36).

[839] Ähnliches hat GREHAN auch für das damalige Damaskus festgestellt (vgl. GREHAN 2007, 182 u. 189).

geschirr, und Haushaltsgeräte allgemein, an, die mit den bereits durch andere Ausgaben beanspruchten Einkommen gedeckt werden mussten.[840] Einfache Flecht- und Töpferwaren wie Besen, Öllampen und Trinkkrüge, die pro Stück nur wenige Qazbegi kosteten, gehörten dabei noch zu den erschwinglichen Artikeln. Hölzerne oder eiserne Haushaltswaren wie Messer konnten dagegen bereits den Tageslohn eines Maurermeisters kosten, und Geschirr aus Kupfer, für die das Material aus Übersee eingeführt werden musste, und das zudem noch regelmäßig neu verzinnt werden musste, war bereits ein Luxusartikel. Hinzu kamen noch Ausgaben für Herd, Beleuchtung und im Winter Heizkosten, für die man kostspielige Produkte wie Holzkohle oder Lampenöl (anstelle der deutlich teureren Kerzen) einkaufen musste. Erhebliche Summen, die mitunter mehrere Tageslöhne erreichten, musste ein Handwerker zudem in die Beschaffung oder Reparatur seines Werkzeugs investieren. Ein weiterer Kostenfaktor war schließlich die Kleidung, über deren Preise mangels genauerer Angaben in den Rechnungen allerdings nur Mutmaßungen anstellen lassen. Die vergleichsweise hohen Preise selbst für grobe Stoffe lassen allerdings darauf schließen, dass Kleidungsstücke aus Wolle oder Baumwolle ein wertvolles Gut darstellten und entsprechend lange aufgetragen wurden. Modische Kleidung stellte somit, ebenso wie kulinarische Extravaganzen, ein höfisches Phänomen dar.

Die hohen Lohnkosten, die bereits in den erheblichen Preisen für Haushaltswaren aus Holz und Metall bemerkbar wurden, zeigten sich als wesentlicher Kostenfaktor besonders im Bauwesen. Die laufenden Ausgaben von mehr als 1000 Mahmudi, die im Laufe eines Jahres nach Geleynssens Rechnungen für Bau- und Renovierungsarbeiten am Logis der Compagnie in Isfahan anfielen, sind vielleicht insofern atypisch, da es sich bei der niederländischen Niederlassung um ein stattliches und beinahe schon palastartiges Gebäude handelte. Schon durch die Größe des Logis wurden häufige Reparaturarbeiten zudem noch dadurch erforderlich, dass die Fähigkeit, das eigene Heim in gutem Zustand erhalten zu können, eine weitere Frage des sozialen Prestiges darstellte.[841] Auch für einen Handwerker oder Ladenbesitzer im Bazar dürften Bauarbeiten mit erheblichen Ausgaben verbunden gewesen sein. Dies betraf neben dem Baumaterial, wie den zwar einfach und billig

[840] GREHANS Berechnung, dass in einem frühneuzeitlichen Damaszener Haushalt Küchengeräte zwei Drittel des gesamten Hausrats ausmachten, kann für das zeitgenössische Isfahan in vergleichbarer Weise gelten (vgl. GREHAN 2007, 172).

[841] Vgl. LOCKHART 1958, 391.

herzustellenden, aber in größerer Menge benötigten Lehmziegeln oder auch dem für den Bau von Zisternen und Wasserbecken verwendeten Zement nicht zuletzt das für Türen, Fensterläden und Geländer verwendete Holz aus dem Norden des Landes beschafft werden musste und entsprechend teurer war. Die vorherrschende Verwendung der wenig witterungsbeständigen Lehmziegel führte ferner dazu, dass ständig an einem Teil des Hauses Reparaturarbeiten erforderlich waren, für deren Durchführung ein Maurermeister, sein Lehrling und mehrerer Gesellen angestellt werden mussten, die mit den entsprechenden Arbeiten gewöhnlich mehrere Tage beschäftigt waren. Beim Unterhalt eines Hauses bildete somit die Entlohnung der Arbeiter einen erheblichen Teil der Kosten, wobei angesichts der Ausgaben davon auszugehen ist, dass das Heim eines iranischen Handwerkers oder Tagelöhners nicht nur von den Ausmaßen her eher bescheiden war, sondern sich auch in einem bescheidenen baulichen Zustand befand.[842]

Die größte Diskrepanz zwischen der Lebenswelt eines einfachen Handwerkers oder Kaufmanns und der Oberschicht tat sich schließlich in einem Bereich auf, der in den Abrechungen Geleynssen de Jonghs einen breiten Raum einnahm: Mobilität. Eine längere Reise zu unternehmen war für einen einfachen Iraner grundsätzlich kein Problem, da die zahlreichen Karawansereien eine preiswerte Unterkunft boten und Lebensmittel außerhalb der Hauptstadt wesentlich billiger waren. Einem solchen Unterfangen stand allerdings entgegen, dass ungeachtet der Notwendigkeit, sich mit Lebensmitteln zu versorgen, für die Dauer der Reise der tägliche Verdienst entfiel und angesichts der Größe des Landes z.B. eine Pilgerfahrt nach Mašhad ein langwieriges Unternehmen darstellte. Bequemer und schneller ließen sich die entsprechenden Entfernungen zu Pferde oder auf einem Maulesel zurücklegen, doch kamen in diesem Fall neben den Anschaffungspreisen für die Reittiere (wobei ein Pferd allein schon mehrere hundert Mahmudi kosten konnte) noch die Ausgaben für Futter und die erforderliche Ausrüstung mit Sattel, Zaumzeug und Reisegepäck hinzu. Letztere waren nicht nur in der Herstellung und Anschaffung kostspielig, sondern auch während der Reise einem hohen Verschleiß ausgesetzt, so dass auch hier unterwegs ständige Reparaturen erforderlich waren. Bei den Reittieren kamen noch Ausgaben für das Beschlagen der Hufe und unter Umständen eine tierärztliche Behandlung hinzu. Angesichts der Tatsache, dass bereits die Reise von Bandar ʿAbbās nach Isfahan über einen Monat dauerte, ließen die während dieses

[842] Vgl. BLAKE 1999, 114 u. HINZ 1940, 159.

Zeitraums anfallenden Ausgaben für die genannten Posten, einschließlich der unterwegs zu entrichtenden Zollgebühren, ein schnelles und einigermaßen bequemes Reisen zu einem Privileg für wohlhabende Iraner und Ausländer werden. Die Ausstattung einer Handelskarawane, für die neben der Beschaffung von Reit- und Lasttieren, Futter und Geschirr auch noch Pferdeknechte und Kameltreiber engagiert werden mussten, stellte somit eine Investition dar, zu der nur Grosskaufleute oder ein kapitalkräftiges Unternehmen wie die VOC in der Lage waren.

Fasst man alle diese aus den Rechnungsbüchern zu gewinnenden Informationen zusammen, lässt sich abschließend feststellen, dass das eingangs angeführte Bild eines allgemeinen Wohlstands, das einzelne europäische Reisende in ihren Berichten entwarfen, für die von ihnen passierten ländlichen Gebiete durchaus zutreffen mochte, da Dorfbewohner und Nomaden, die insgesamt 80 Prozent der Bevölkerung bildeten,[843] einen großen Teil ihrer Lebensmittel und z.T. auch ihrer Kleidung selbst produzieren konnten und ihnen der Verkauf dieser Produkte noch ein zusätzliches Einkommen gewährte.[844] Anders gestaltete sich die Lage für den Grossteil der städtischen Bevölkerung, der darauf angewiesen war, seinen Lebensunterhalt als Handwerker oder Tagelöhner zu verdienen. Dass die entsprechenden Einkommen vielfach gerade dazu ausreichten, das Existenzminimum zu gewährleisten, war indessen schon von zeitgenössischen Beobachtern bemerkt worden. Insgesamt dürfte der Wohlstand der meisten Iraner eher bescheiden gewesen sein, und plötzliche Unglücksfälle oder durch Krieg und Missernten verursachte Teuerungen konnten für eine Familie rasch zu einer existenzbedrohenden Situation führen.[845] Besonders deutlich wurde dies in den letzten Jahren vor der afghanischen Eroberung 1722, in denen der Hof in Isfahan in wachsendem Maße die Kontrolle über die Provinzen verlor und die in der Folge zunehmenden Einfälle plündernder Usbeken, Balučen und Omanis zu

---

843 Vgl. FLOOR 2000, 301.

844 Vgl. FLOOR 2000, 180f. Als finanzielle Belastung hatten viele Bauern allerdings die Pachtgebühren für das von ihnen bearbeitete Land zu tragen (vgl. FLOOR 2000, 289–292).

845 Ein Umstand, der sich freilich nicht auf Iran beschränkte, denn, wie GREHAN festgestellt hat, war auch im damaligen Damaskus „one bad year [...] enough to push many households to the brink of ruin" (GREHAN 2007, 232). Obwohl er damit zwar die grundsätzliche Armut („the fundamental poverty") als bestimmenden Faktor frühneuzeitlicher Wirtschaftssysteme ausmacht (GREHAN 2007, 10), verweist er zugleich mit dem Verweis auf die Untersuchungen von Daniel ROCHE einschränkend darauf hin, dass `Armut´dabei nicht unbedingt ein Leben am Existenzminimum bedeuten musste (vgl. ROCHE 2000, 46).

einer Blockade der Handelswege und einer besonders in der Hauptstadt katastrophale Ausmaße annehmenden Hungersnot führten.

Eine Untersuchung der Wirtschaft Irans zur Safavidenzeit auf mikroökonomischer Ebene vermag auf der anderen Seite jedoch zu verdeutlichen, über welches wirtschaftliche Potential dieser Staat verfügte und weshalb die VOC sich auf die langwierigen und für die Compagnie nicht immer zur vollen Zufriedenheit verlaufenden Verhandlungen über den Einkauf von Seide durch die Krone einließ.

Im Geschäftsjahr 1643 etwa waren durch die beiden bereits mehrfach genannten Schiffen mit der *de Pauw* Waren im Wert von 11.723 Gulden, drei Stuijver und fünf Penning (umgerechnet 23.446 Mahmudi) an Waren[846] und mit der *Leeuwaerden* an Waren und Silber 103.524 Gulden und sieben Stuijver (207.049 Mahmudi) in Bandar ʿAbbās angelandet worden.[847] Bei der Seide hatte man sich mit der Krone nach zähen Verhandlungen[848] schließlich auf den Aufkauf von 700 Ballen zu jeweils 45 Toman, d.h. einem Gesamtwert von 35.000 Toman oder dreieinhalb Millionen Mahmudi geeinigt,[849] während sich das Kapital der VOC an Geld und Waren in Iran zu diesem Zeitpunkt mit 1.329.504 Lari (1.595.404$^{4}/_{5}$ Mahmudi) ungefähr auf die gleiche Summe belief.[850] Geht man davon aus, dass ein Maurermeister an 300 Tagen im Jahr arbeitete und sein Jahresverdienst somit rein rechnerisch 900 Mahmudi betrug, entsprach der Wert der Ladungen der *de Pauw* und *Leeuwaerden* jeweils 26 bzw. 320 Jahreslöhnen. Umgekehrt hätte derselbe Meister, um den Gegenwert der durch die VOC eingekauften Seide zu verdienen, 3889 Jahre arbeiten müssen. So mühselig und bescheiden sich der niederländische Handel in Iran im Vergleich zu demjenigen in anderen Wirtschaftsregionen Asiens ausnahm, bewegte er sich von seinem finanziellen Umfang her dennoch in Dimensionen, von denen ein Handwerker oder Dienstbote nicht einmal träumen konnte.

---

846 NA VOC (1.02.04), 1144, 14. Mai 1643, fol. 488r.

847 NA VOC (1.02.04), 1144, 23. Mai 1643, fol. 502v.

848 NA VOC (1.02.04), 1150, 1643, fol. 199r–225v.

849 NA VOC (1.02.04), 1152, 11. März 1645, fol. 85b. Vgl. dazu auch MATTHEE 1999, 148–153.

850 NA VOC (1.02.04), 1144, 14. Mai 1643, fol. 489r.

10. ANHANG

10.1. Währungen, Maße und Gewichte

Währungen

Niederlande und Niederländisch-Indien
1 Rijksdaalder = 3 Gulden
1 Gulden = 8 Stuijver
1 Stuijver = 16 Penning
Indien ab 1656:1 Gulden = 20 (`lichte´) Stuijver

(Institut voor Nederlandse Geschiedenis 2000, 89, 98, 110)

Iran
1 Toman = 80 Lari = 100 Mahmudi
1.2 Mahmudi = 5 Bisti = 20 Qazbegi
1 Lari = 10 Stuijver
1 Mahmudi = 8 Stuijver

(Institut voor Nederlandse Geschiedenis 2000,
21, 67, 71, 115)

Indien
1 Ropia = 16 Anna = 55 Paisa
1 Ropia = 1.2 Gulden = 2.4 Mahmudi

(Institut voor Nederlandse Geschiedenis 2000, 99)

Gewichtseinheiten

Niederlande

Amsterdam	Utrecht
1 pond Hollands = 494 gr	1 pond licht gewicht = 469 gr
1 last = 3000 pond (1428 kg)	(1407 kg)
= 12 ton à 250 pond (123.5 kg)	(117.25 kg)

= 27 mud à 111.1 pond (55 kg)	(52.1 kg)
= 36 zak à 83.3 pond (41 kg)	(39 kg)
(Posthumus 1943, LV)	(Posthumus 1964, 31)
1 aam = 120 mengel = 142.5 l.	102 l.
1 mengel = 1,18 l.	0.85 l.
(Posthumus 1943, LIV)	(Posthumus 1964, 33)
	1 vat = 320 pond = 150 kg/l.
	(für Butter)
	(Posthumus 1964, 35)

Iran
1 ḫarvār = 100 man-e šāhī = 200 man-e Tabrīzī = 288 kg
1 carga = 36 man-e šāhī = 72 man-e Tabrīzī
1 man-e šāhī = 2 man-e Tabrīzī = 12 pond Hollands = 5,89 kg
1 man-e Tabrīzī = 6 pond Hollands = 2.9 kg
1 carga = 212 kg
1 ḫarvār = 589 kg

(Institut voor Nederlandse Geschiedenis 2000, 71f. u. Kahnt/Knorr, 119)

Indien
1 man-i Ǧahānšāhī = 5¾ man-e šāhī = 69 pond Hollands = 34 kg
(van Santen 1982, 92ff.)

Längen-, Raum und sonstige Maße

Längenmaße
1 gaz = 94 cm
(Institut voor Nederlandse Geschiedenis 2000, 48)

1 cobido (Elle) = ~ 70 cm
(Institut voor Nederlandse Geschiedenis 2000, 32f.)

Brennholz
1 vaam ≈ 1 m^3
(Kahnt/Knorr 1986, 33)

Papier
1 riem = 960 Bogen
(KAHNT/KNORR 1986, 253)

10.2 Kaufkraft eines Tageseinkommens in Isfahan

Tageslohn eines Maurermeisters (3 Mahmudi), ausreichend für:

ein *man* Brot oder ein halbes *man* Reis
ein *man* Datteln oder eine Melone
vier *man* Buttermilch oder zwei *man* Joghurt

oder

ein bis zwei *man* Butter
ein Huhn

Tageslohn eines Tagelöhners (14–15 Qazbegi), ausreichend für:

ein *man* Brot oder ein halbes *man* Reis

oder

dreiviertel *man* Datteln oder eine Melone

oder

vier *man* Buttermilch oder zwei *man* Joghurt

oder

ein Huhn

Mengenangaben in *man-e Tabrīzī*

10.3 Vergleich der Monatsgehälter in Iran, Indien und den Niederlanden

Im Isfahaner Logis gezahlte Monatsgehälter

VOC				Isfahan	
niederländische Angestellte		iranische Angestellte		Handwerker und Arbeiter	
directeur	360:–	Übersetzer	50:–	Maurermeister	75:–
Kaufmann	180:–	Stallknecht	45:–	Maurergeselle	37:10
Unterkaufmann	72:– -80:–	Botenläufer	45:–	Maurergehilfe	30:–-33:5
Assistent	30:– -48:–	Leibdiener	30:–	Maurerlehrling	25:–
Oberzimmermann	48:–	Gärtner	25:–	Tagelöhner	17:10-18:15
Constapel	48:–	Hausdiener	20:–		
Bottelier	48:–				
Segelmacher	48:–				
Matrose	20:–				
Soldat	18:–				

Beträge in Mahmudi:Qazbegi, alle Beträge ohne Kostgeld bei Handwerkerlöhnen; ein Monatsgehalt = 25 Arbeitstage

Monatsgehälter im globalen Vergleich

	Iran		Indien	Niederlande		
	Isfahan	Bandar ʿAbbās	Agra	Leiden	Delft	Antwerpen
Offizier			9:12			
Zimmermannsm.	75:–	50:–		96:18		75:–
Zimmermann			17:–			
Maurermeister	75:–	32:3	19:12			
Maurergeselle	37:10	15:–				
Maurergehilfe	30:–-33:5		9:4			
Maurerlehrling	25:–					
Handlanger			4:7-7:14			
Packhausarbeiter			11:5			
Dienstbote	25:–		8:8			
Soldat			9:–			
Tagelöhner	17:10-18:15			75:–	68:15	37:10

alle Beträge umgerechnet in Mahmudi; ein Monatsgehalt = 25 Arbeitstage

10.4 Preise für Grundnahrungsmittel zwischen Bandar ʿAbbās und Isfahan

Ort	Brot	Datteln	Melonen	Butter	Milch-produkte	Hühner
Kourestān	1:8 (3 man)	–:6		–:10	–:5 (B)	
Tang-e Dālān	–:7 (½ man)	–:5		–:10	–:5 (B)	
Hormoz	–:12 (1 man)	–:10 (1 man)		–:18 (frisch)	–:14	
Lār	–:15 (1½ man)			–:6 (⅜ man)		
Dehkūh	–:12	–:12		–:12	–:8 (J)	–:15
Čāh Talẖ	–:8				–:5 (J)	
Ǧahrom	–:10 (½ man)	–:18		1: –		–:16
Kavār	–:15				–:10 (½ man)	–:15
Muẓaffarī	–:5	–:18			1:9	–:14
Schiraz	–:10	1:4 (1½ man)		–:9	–:8 (J)	
Māhīn	–:7			–:6	–:5 (J)	
Ūǧān	–:14			1:10 (frisch)	–:5 (J)	–:12
Āsopās	–:17				–:6 (J)	–:12
Deh-e Gerdū	–:13	–:18		2:–	1:– (J)	
Yazdeẖvāst	–:12			1:3	1:4 (J)	–:12
Maqṣūd Begī	–:10		–:12	3:– (z.T. frisch)	–:7 (J)	
Qūmīše	–:12		–:7	–:15		
Mahyār	–:10	–:10	1:–	–:15	–:5 (B)	

Preise in Mahmudi, B = Buttermilch, J = Joghurt, Hühner: Preis pro Stück

11. Literatur

a) Unveröffentlichte Quellen

Nationaalarchief Den Haag, Collectie Wollebrandt Geleynssen de Jongh (Inv. Nr. 1.10.30)

Inv. Nr. 133
"Translaat capitulatiën door den shah van Perzië aan de Compagnie verleend (1621, 1641)"
Inv.-Nr. 141
"Een corte verclaringe van gelegentheijt, staet, conditie, coophandel, steeden ende dorpen wegh & toegange costuijmen & weten als mede haer regeringe & wat daer aen dependeert vande vermaerde coopstat Spahan en sijn omleggen plaetsen gelegen in het coninckrijck van Persien onder het gebiet vanden machtigen Coninck genaempt Chabas welcke is regeerder van alle die bij naer omleggen landen & plaetsen"
Inv. Nr. 158A
"Copie-Brief van Wollebrand Geleynssen de Jongh an den Vertrouwde des Rijks, den Schilder des konings en den tolk Bartholomeus te Spahan"
Inv. Nr. 159
"Briefboek van verscheijde soo becoomen als versonde Brieven als formannen int Persiaens geschreven ende int Nederlants getranslateert (1641–43)"
Inv. Nr. 244
"Oncostboeck van de maendelijckse oncosten, rantosen, voeragie voor paarden als oncosten op coopmanschappen en goodeloon te Spahan en Gamron, 31 Juli 1641–13. December 1641"
Inv. Nr. 244A
"Oncostboeck van 't geene door den assistent Claes Adriaens (op het comptoir Spahan) sedert den 22 February ao. 1641 tot dato den 22 Juny 1641 uytgegeven ende gegasteert is"
Inv. Nr. 245
"Copie-oncostboeck van de uijtgaven voor mondkost, maand gelden, timmeragie, bodeloon enz[oovoort] te Spahan, 1. April-28 Februari 1643"
Inv. Nr. 246
"Rekeninge van de onkosten door Wollebrand Geleynssen de Jongh gemaakt op zijn Reis van Gamron naar Spahan 6. Jul[ij] (1642)-4 Augustus (1642)"
Inv. Nr. 246A
"Reeckeningh van oncosten vant geene in 3 maenden in Spahan gegasteert is in aenwesen van den directeur Geleijsen ende zijn compagnije daar"
Inv. Nr. 281b
"Translaat-Capitualtie door den Shah van Perzië aan de Compagnie verleend", 21. März 1647
Inv. Nr. 282
"Translaat-"Commandement" door de Shah Abbas aan de Compagnie verleend", April 1647
Inv.-Nr. 293
"Translaat-Brief van Shah Abbas aan Gouverneur-generaal en Raden", April 1647

Nationaalarchief Den Haag, Vereenigde Oostindische Compagnie (VOC), Overgekomene Brieven en Papieren (OBP) (Inv. Nr. 1.04.02)

NA VOC (1.02.04), 1144

Geleynssen de Jongh u. Carel Constant, Bandar ʿAbbās, an Generalgouverneur und Raad van Indie, Batavia, 14. Mai 1643, fol. 488r–494v

Geleynssen de Jongh u. Carel Constant, Bandar ʿAbbās, an Generalgouverneur und Raad van Indie, Batavia, 23. März 1643, fol. 502r–504r

NA VOC (1.02.04), 1150

Daghregister noopende 't gepasseerde omtrent den coninckliјcken hove in Casbijn ende Espahan weegen den affslach der zijde, 't annuleeren van dien midtsgaders de discoursen als voirdre gewelden dien aengaande gevallen ende d'Ed[le] Compagnie in den persoon van den president Carel Constant aengedaen 4 Augustij tot 31 December 1643, fol. 199r–225v

NA VOC (1.02.04), 1152

Carel Constant, Isfahan, an Generalgouverneur und Raad van Indie, Batavia, 11. März 1645, fol. 78r–91v

NA VOC (1.04.02), 1901

"Dag-register off dagelijkse aenteijckeningen, nopende het principaelste voorgevallene in d'opreijse, uijt Gamron, naer de coninglijke residentie stad Spahan, van den E[del] Agtbaeren Heer Joan Josua Ketelaer, Commissaris, en directeur over 's Compagnies importante belangen en wijden ommeslagh in 't rijk van Persia etc. beginnende den 27en Maart, en eijndigende 30n Maij A[nn]o 1717", fol. 975–1209

NA VOC (1.04.02), 1913

"Translaat Persiaanse brief ter ordre van den EE[del] Agtb[baren] Joan Josua Ketelar aanden beglerbegie Lutphalichan sub dato 27 April of naar der Mhahomethanen reek[ening] den 25 maand Joumaed Elwawe, in't jaar 1130 gesonden", fol. 378–386

"Translaet Armeensche missive door de insamelaers der wol tot Kirman, in name Auwannees, en Ghodjetoer herwaarts aangesonden en den 25 Maart a[nn]o 1718, bij den E[del] Agtb[aren] heer Joan Josua Ketelaer commissaris en directeur deser Persische directie, gerecipieert", fol. 407–411

"Translaat Persiaanse missive door denn gemagtigde van den beglerbegie Lootphalie Chan, in naeme Jacoeb Sulthaan, den 24 Maart 1718, of naar de Persianen reecq[ening] den 20 der maand Rebbie Essanie en't jaar 1130 aanden E[del] Agt[baaren] heer Joan Josua Ketelaar commissaris en directeur deser Persische directie gesonden", fol. 417–421

J.J. Ketelaar, Isfahan, an Generalgouverneur und Raad van Indie, Batavia, 27. März 1717, fol. 493–502

"Factura, vande volgende porcelijnen, olitiejten, specerijen, pardijs vogels, cammarerj, lakenen, silverwerk, en verdere rijxbehaften, als wat die meer sijn als 'er ten ordre vanden E[del] Agtb[aaren] H[eer] Joan Josua Ketelar commisaris en directeur deser Persische directie, soo voor af op den 13 Feb[ruar] p[e]r de muijeltiers gen[aem]t Samoejn, als op sijn E[delheijt] vertrek op heden naar Spahan mee genomen is", fol. 514–530

"Specificatie der reijs ongelden gevallen in de afreijse vanden E Agtb[aren] H[ee]r commissaris en directeur Joan Josua Ketelaar, mitsg[aders] sijn E[delheijt] geselschap, sed[er]t p[ri]mo December 1717, dat uijt Spahan vertrocken, tot 19 Januarij 1718 dat in Garmon sijn g'arriveert", fol. 532–537

b) Quelleneditionen, Nachschlagewerke, Sekundärliteratur

ADAMEC = ADAMEC, Ludwig W. (Hg): Historical Gazeteer of Iran. Vol. III: Abadan and Southwestern Iran, Graz 1989

ALBALA 2003 = ALBALA, Ken: Food in Early Modern Europe, Westport-London 2003

ALLSEN 2004 = ALLSEN, Thomas W.: Culture and Conquest in Mongol Eurasia, Cambridge 2004

ALLSEN 1989 = ALLSEN, Thomas W.: "Mongolian Princes and Their Merchant Partners, 1200–1260", in: Asia Major II (1989), 83–127

BIELEMAN 1993 = BIELEMAN, Jan: Dutch Agriculture in the Golden Age, 1570–1660", in: DAVIDS, Karel u. Leo NOORDEGRAAF (Hgg): The Dutch Economy in the Golden Age. Nine Studies, Amsterdam 1993

BLAIR 2006 = BLAIR, Sheila S.: Islamic Calligraphy, Edinburgh 2006

BLAKE 1999 = BLAKE, Stephen P.: Half the World: The Social Architecture of Safavid Isfahan, 1590–1722, Costa Mesa 1999

BOXER 1965 = BOXER, Charles. R.: The Dutch Seaborne Empire 1600–1800, London 1965

BRAUDEL 1985 = BRAUDEL, Fernand: Sozialgeschichte des 15.-18. Jahrhunderts. Bd. 1: Der Alltag, München 1985

DE BRUIJN 1714 = DE BRUIJN, Cornelius: Reizen over Mokovie, door Persie en Indie, Amsterdam 1714

CALAND 1929 = CALAND, W (Hg): De Remonstrantie van W. Geleynssen de Jongh, Den Haag 1929 (Werken uitgegeven door de Linschoten-Vereeniging; 31)

CHANDRA 1982 = CHANDRA, Satish: „Standard of Living in Mughal India“, in: RAYCHAUDHURI, Tapan u. Irfan HABIB (Hgg): The Cambridge Economic History of India, Bd 1: c. 1200 – c. 1700, Cambridge-London-New York-New Rochelle-Melbourne-Sydney 1982, 458–471

CHARDIN 1811 = CHARDIN, Jean: Voyages du Chevalier Chardin en Perse, et Autres Lieux de l'Orient, Ed. L. LANGLÉS, 10 Bde, Paris 1811

CHRISTENSEN 1958 = CHRISTENSEN, Arthur (Hg): Persische Märchen, Köln-Düsseldorf 1958

FEKETE 1977 = FEKETE, L.: Einführung in die persische Paläographie. 101 persische Dokumente. Aus dem Nachlass des Verfassers herausgegeben von G. HAZAI, Budapest 1977

FLOOR 1999a = FLOOR, Willem: „Dutch-Persian Relations“, in: Encyclopedia Iranica, Bd. 9, London-New York 1999, 603–613

FLOOR 1999b = FLOOR, Willem: „The Bandar ʿAbbas-Isfahan Route in the Late Safavid Era (1617–1722)“, in: Iran 37 (1999), 67–94

FLOOR 2000 = FLOOR, Willem: The Economy of Safavid Persia, Wiesbaden 2000 (Iran-Turan 1)

FLOOR 2001 = FLOOR, Willem: Safavid Government Institutions, Costa Mesa 2001

FLOOR/FAGHFOORY 2004 = FLOOR, Willem u. Mohammad FAGHFOORY: The First Dutch-Persian Commercial Conflict. The Attack on Qeshm Island 1645, Costa Mesa 2004

FRAGNER 1984 = FRAGNER, Bert G.: "Zur Erforschung der kulinarischen Kultur Irans", in Welt des Islam XXIII/XX (1984), 320–336

FRYER 1698 = FRYER, John: A New Account of East-India and Persia, in Eight Letters being Nine Years Travels Begun 1672 and Finished 1681: Containing Observations Made of the Moral, Natural and Artificial Estate of Those Countries, London 1698

GAASTRA 2002 = GAASTRA, Femme S: De Geschiedenis van de VOC, Zutphen 2002

GAUBE/WIRTH 1978 = GAUBE, Heinz u. Eugen WIRTH: Der Bazar von Isfahan, Wiesbaden 1978 (Beihefte zum Tübinger Atlas des Vorderen Orients. Reihe B, Geisteswissenschaften 22)

GREHAN 2007 = GREHAN, James: Everyday Life and Consumer Culture in 18th-Century Damascus, Seattle-London 2007

HAAS 1946 = HAAS, William S.: Iran, New York 1946

HANEDA 2006 = HANEDA, Masashi: „Les Compagnies des Indes Orientales et les Interprètes de Bandar ʿAbbās“, in: Eurasian Studies (2006), 175–193

HINZ 1940 = KAEMPFER, Engelbert: Am Hofe des Persischen Grosskönigs (1684–1685). Eingeleitet und deutsch herausgegeben von Walter HINZ, Leipzig 1940

HINZ 1970 = HINZ, Walter: "Islamische Masse und Gewichte umgerechnet ins metrische System", in: Handbuch der Orientalistik. Erste Abt. (Der Nahe und der Mittlere Osten), Ergänzungsband 1, Nachdr. Leiden-Köln 1970

HOFFMANN 2000 = HOFFMANN, Birgitt: Waqf im mongolischen Iran. Rašiduddīns Sorge um Nachruhm und Seelenheil, Stuttgart 2000 (Freiburger Islamstudien XX)

Institut voor Nederlandse Geschiedenis 2000 = Institut voor Nederlandse Geschiedenis (Hg) VOC-Glossarium. Verklaringen van termen, verzameld uit de Rijks Geschiedkundige Publicatiën die betrekking hebben op de Verenigde Oost-Indische Compagnie, Den Haag 2000

KAEMPFER 1712 = KAEMPFER, Engelbert: Amoenitatum exoticarum politico-physico-medicarum fasciculi V, quibus contentur variae relationes, observationes et descriptiones rerum Persicarum et Ulterios Asiae &c., Lemgo 1712

KAHNT/KNORR 1986 = KAHNT, Helmut u. Bernd KNORR: Alte Maße, Münzen und Gewichte, Mannheim/Wien/Zürich 1986

KEYVANI 1982 = KEYVANI, Mehdi: Artisans and guild Life in the later Safavid Period. Contributions to the Social-Economic History of Persia, Berlin 1982 (Islamkundliche Untersuchungen 65)

KLEIN 1993/94 = KLEIN, Rüdiger: Trade in the Safavid Port City Bandar Abbas and the Persian Gulf Area (ca. 1600–1680). A study of Selected Aspects, (Diss.) London 1993/94

KLEIN/GAUBE 1992 = KLEIN, Rüdiger u. Heinz GAUBE: „Das Ṣafavidenreich/The Ṣafavid Empire“, in: Tübinger Atlas des Vorderen Orients, B VIII 20, Wiesbaden 1992

KOLFF/VAN SANTEN 1979 = KOLFF, D.H.A. u. H.W. VAN SANTEN (Hgg): De geschriften van Francisco Pelsaert over Mughal Indië, 1627. Kroniek en Remonstrantie, Den Haag 1979 (Werken uitgegeven door de Linschoten-Vereeniging; 81)

LOCKHART 1958 = LOCKHART, Laurence: The Fall of the Ṣafavī Dynasty and the Afghan Occupation of Persia, London-New York 1958

MAHDAVI 2012 = MAHDAVI, Shireen: "Everyday Life in Qajar Iran", in: Iranian Studies 45 (2012), 355–370

MATTHEE 1999 = MATTHEE, Rudolph: The Politics of Trade in Safavid Iran. Silk for Silver 1600–1730, Cambridge-New York-Melbourne 1999

MATTHEE 2000 = MATTHEE, Rudolph: „Merchants in Safavid Iran: Participants and Perceptions“, in: Journal for Early Modern History 4 (2000), 234–268

MATTHEE 2004 = MATTHEE, Rudolph: „Negotiating across Cultures: The Dutch van Leene Mission to the Iranian Court of Šāh Sulaymān, 1689–1692", in: Eurasian Studies 3 (2004), 133–154

MATTHEE 2005 = MATTHEE, Rudolph: The Pursuit of Pleasure. Drugs and Stimulants in Iranian History, 1500–1900, Princeton-Oxford 2005

MATTHEE 2010 = MATTHEE, Rudolph: „Was Safavid Iran an Empire“, in: Journal for the Economic and Social History of the Orient 53 (2010), 233–265

NOORDEGRAF 1985 = NOORDEGRAAF, Leo: Hollands Welvaren? Levenstandaard in Holland 1450–1650, Bergen 1985

NORTH 2001 = NORTH, Michael: Das goldene Zeitalter. Kunst und Kommerz in der niederländischen Malerei des 17. Jahrhunderts, Köln-Weimar-Wien (2. erweiterte Aufl.) 2001

OLEARIUS 1656 = OLEARIUS, Adam: Vermehrte newe Beschreibung der Muscowitischen und Persischen Reyse/so durch gelegenheit einer Holsteinischen Gesandtschafft an den Russischen Zaar und König in Persien geschehen, Schleswig 1656 (Neudr. Frankfurt/M. 1994)

PAMUK 2004 = PAMUK, Şevket: „Economic History – Prices in the Ottoman Empire, 1469–1914“, in: International Journal of Middle East Studies 36 (2004), 451–468

POLAK 1865 = POLAK, Jacob Eduard: Persien. Das Land und seine Bewohner, 2 Bde., Leipzig 1865

POSTHUMUS 1943 = POSTHUMUS, Nicolaas W.: Nederlandsche prijsgeschiedenis, Deel 1: Goederenprijzen op de beurs van Amsterdam 1585–1914. Wisselkoersen te Amsterdam 1609–1914, Leiden 1943

POSTHUMUS/KETNER 1964 = POSTHUMUS, Nicolaas W. u. F. KETNER: Nederlandsche prijsgeschiedenis, Deel 2: Goederenprijzen bij de kapittels van Utrecht 1348–1669, bij het St. Bartholomei-Gasthuis te Utrecht 1461–1914, bij de stad Utrecht 1402–1851, bij het St.Catherijnen-Gasthuis 1392–1800 en bij het Heilige geest- en kinderhuis 1482–1800, beide te Leiden, en bij het burgerweeshuis te Amsterdam 1562–1800, Leiden 1964

PRICE 1998 = PRICE, J.L.: The Dutch Republic in the Seventeenth Century, Houndsmill-London 1998

QUIRING-ZOCHE 2011 = QUIRING-ZOCHE, Rosemarie: “Rezension zu: BABAIE, Sussan: Isfahan and its Palaces. Shiʿism and the Architecture of Conviviality in Early Modern Iran, Edinburgh 2008“, in: Zeitschrift der Deutsch-Morgenländischen Gesellschaft 161 (2011), 151–153.

RIETBERGEN 2004 = RIETBERGEN, Pieter: “Upon a Silk Thread? Relations between the Safavid Court of Persia and the Dutch East Indies Company, 1623–1722”, in: LOCHER-SCHOLTEN, Elsbeth (Hg): Hof en Handel. Aziatische Vorsten en de VOC 1620–1720, Leiden 2004

ROCHE 2000 = ROCHE, Daniel: A History of Everyday Things. The Birth of Consumption in France, 1600–1800, Cambridge-New York-Melbourne-Paris 2000

ROECK 1991 = ROECK, Bernd: Als wollt die Welt schier brechen. Eine Stadt im Zeitalter des Dreißigjährigen Krieges, München 1991

ROEMER 1953 = ROEMER, Hans-Robert: „Die Safaviden. Ein orientalischer Bundesgenosse des Abendlandes im Türkenkampf“, in: Saeculum 4 (1953), 27–44

ROTA 2009 = ROTA, Giorgio: „The Horses of the Shah: Some Remarks on the Organization oft he Safavid Royal Stables, Mainly Based on Three Persian Handbooks of Administrative Practice“, in: FRAGNER, Bert G., Ralph KAUZ, Roderich PTAK u. Angela SCHOTTENHAMMER (Hgg): Pferde in Asien: Geschichte, Handel und Kultur/Horses in Asia: History, Trade and Culture, Wien 2009, 33–42 (Veröffentlichungen zur Iranistik 46)

SAAR 1930 = SAAR, Johann Jacob: Reise nach Java, Banda, Ceylon und Persien, 1644–1660, Den Haag 1930 (Reisebeschreibungen von deutschen Beamten und kriegsleuten im Dienst der niederländischen West- und ostindischen Kompagnien, 1602–1797, VI)

VAN SANTEN 1982 = VAN SANTEN, H. W.: De Verenigde Oost-Indische Compagnie in Gujarat en Hindustan, 1620–1660, Leiden 1982

VAN SANTEN 2001 = VAN SANTEN, H. W.: VOC-Dienaar in India. Geleynssen de Jongh in het land van den Groot-Mogol, Franeker 2001

SCHMITT/SCHLEICH/BECK 1988 = SCHMITT, Eberhard, Thomas SCHLEICH u. Thomas BECK (Hgg): Kaufleute als Kolonialherren. Die Handelswelt der Niederländer vom Kap der Guten Hoffnung bis Nagasaki, 1600 – 1800, Bamberg 1988

STAPEL 1927–1943 = STAPEL, F.W. (Hg): Pieter VAN DAM's Beschryvinge vande Oostindische Compagnie, 6 Bde, Den Haag 1927–1943 (Rijks Geschiedkundige Publicatiën Grote serie, 63, 68, 74, 76, 83, 87, 96)

TAVERNIER 1676–1677 = TAVERNIER, Jean-Baptiste: Le Six Voyages en Turquie, en Perse et aux Indes, 2 Bde, Paris 1676–1677

THEVENOT 1674 = THEVENOT, Jean: Suite du Voyage de Levant, Dans Laquelle Apres Plusieurs Remarques Tres-Singulieres sur des Particularitez de l'Egypte, de la Syrie, del la Mesopotamie, de l'Euphrate et du Tyrqie, il est Traite de la Perse, Paris 1674

TOUZARD 2005 = TOUZARD, Anne-Marie: Le Drogman Padery. Émissaire de France en Perse (1719–1725), Paris 2005

VALENTIJN 1724 = VALENTIJN, François: Oud en Nieuw Oost-Indiën, vervattende een naaukeurige en uitvoerige verhandelingen van Nederlands mogentheyd in die Gewesten, Bd. V.1, Dordrecht-Amsterdam 1724

DELLA VALLE 1843 = DELLA VALLE, Pietro: *Viaggi di Pietro Della Valle, il Pellegrino*, G. Ganca (Hg), 2 Bde., Brighton 1843

DE VRIES/VAN DER WOUDE 1995 = DE VRIES, Jan u. Jan VAN DER WOUDE: Nederland 1500–1815. De eerste Ronde van Moderne Economische Groei, Amsterdam 1995

DE VRIES 1982 = DE VRIES, Jan: "An Inquiry into the Behaviour of Wages in the Dutch Republic and the Southern Netherlands from 1580–1800", in: AYMARD, Maurice (Hg): Dutch Capitalism and World Capitalism/Capitalisme Hollandois et Capitalisme Mondial, Cambridge-Paris 1982, 37–61

WORM 1737 = WORM, Johann Gottlieb: Ost-Indian- und Persianische Reisen, oder Zehenjährige auf Groß-Java, Bengala, und im Gefolge Herrn Joann Josuae Kötelär, Holländischen Abgesandtens an den Sophi in Persien, geleistete Kriegs-Dienste, Dresden-Leipzig 1737

WULFF 1966 = WULFF, Hans E.: The Traditional Crafts of Persia, Cambridge-London 1966

VAN ZANDEN 1993a = VAN ZANDEN, Jan Luiten: The Rise and Decline of Hollands Economy: Merchant Capitalism and the Labour Market, Manchester-New York 1993

VAN ZANDEN 1993b = VAN ZANDEN, Jan Luiten: "Economic Growth in the Golden Age: The Development of the Economy of Holland, 1500–1650", in: DAVIDS, Karel u. Leo NOORDEGRAAF (Hgg): The Dutch Economy in the Golden Age. Nine Studies, Amsterdam 1993, 6–26

ZEDLER 1737 = "Lauch", in: Zedlers Universal-Lexicon, 64 Bde. Leipzig-Halle 1732–1750, Bd. 16, 973–976

ZEDLER 1732 = "Lauch", in: Zedlers Universal-Lexicon, 64 Bde. Leipzig-Halle 1732–1750, Bd. 2, 1652–1654

12. ABBILDUNGEN

Abb. 1: Caesar van Everdingen, Wollebrand Geleynssen de Jongh (1674), mit freundlicher Genehmigung des Stedelijk Museum Alkmaar, Niederlande

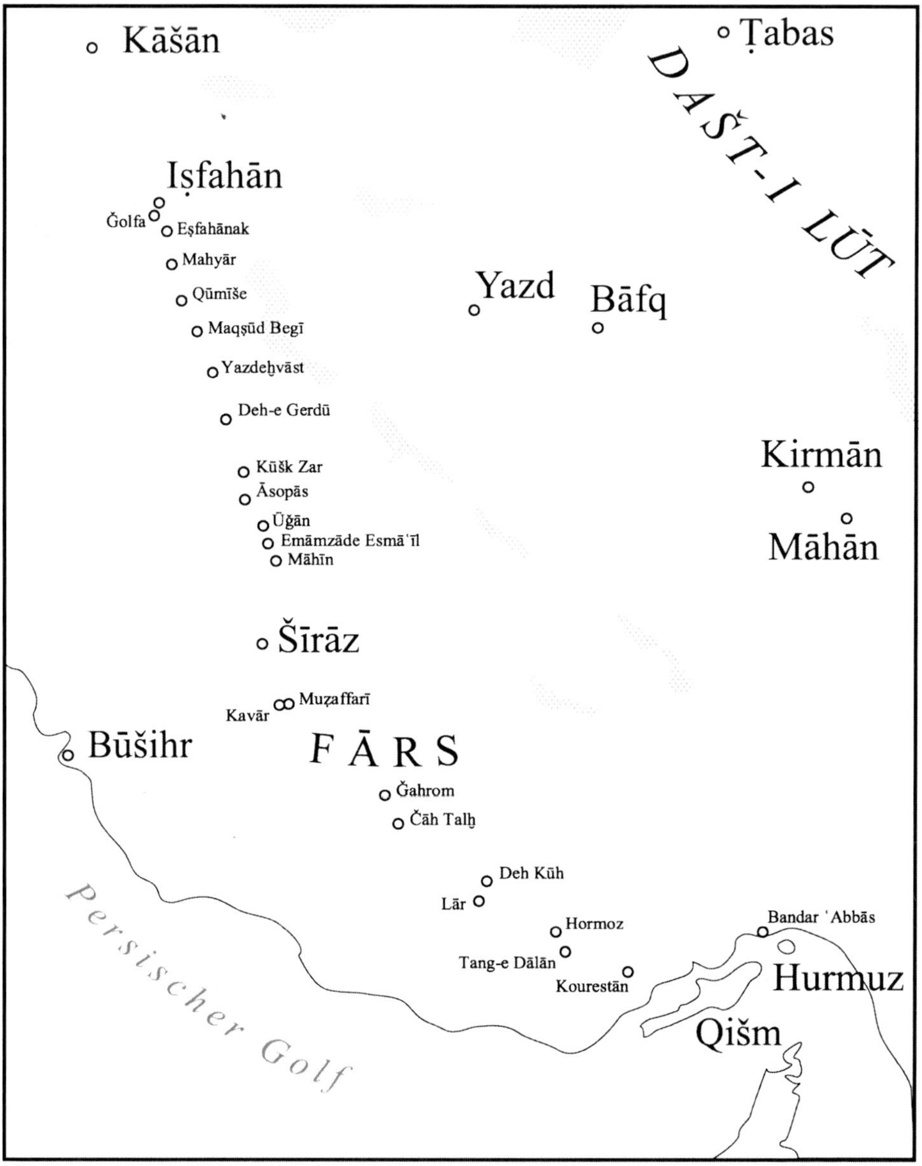

Abb. 2: Reiseroute Geleynssens von Bandar 'Abbās nach Isfahan im Juli-August 1642.

13. INDEX

VERÖFFENTLICHUNGEN ZUR IRANISTIK

HERAUSGEGEBEN VON BERT G. FRAGNER UND FLORIAN SCHWARZ

(Nr. 1–21: Veröffentlichungen der Iranischen Kommission,
Nr. 22–29: Veröffentlichungen der Kommission für Iranistik,
Nr. 30–31: Herausgegeben von Bert G. Fragner
Nr. 32–68: Herausgegeben von Bert G. Fragner und Velizar Sadovski)

Nr. 1: Manfred Mayrhofer, Onomastica Persepolitana. Das altiranische Namengut der Persepolis-Täfelchen. Unter Mitarbeit von János Harmatta, Walter Hinz, Rüdiger Schmitt und Jutta Seiffert. 1973 (SBph, 286. Band)

Nr. 2: Karl Jahn, Die Geschichte der Kinder Israels des Rašīd ad-Dīn. 1973 (Dph, 114. Band)

Nr. 3: Manfred Mayrhofer, Zum Namengut des Avesta. 1977 (SBph, 308. Band, 5. Abhandlung)

Nr. 4: Karl Jahn, Die Frankengeschichte des Rašīd ad-Dīn. Einleitung, Übersetzung und Kommentar. 1977 (Dph, 129. Band)

Nr. 5: Ronald Zwanziger, Zum Namen der Mutter Zarathustras. (Sonderdruck aus Anzeiger, 114/1977)

Nr. 6: Rüdiger Schmitt, Die Iranier-Namen bei Aischylos. (Iranica Graeca Vetustiora. I). 1978 (SBph, 337. Band)

Nr. 7: Manfred Mayrhofer, Supplement zur Sammlung der altpersischen Inschriften. 1978 (SBph, 338. Band)

Nr. 8: Karl Jahn, Die Indiengeschichte des Rašīd ad-Dīn. Einleitung, vollständige Übersetzung, Kommentar und 80 Texttafeln. 1980 (Dph, 144. Band)

Nr. 9: Oswald Szemerényi, Four Old Iranian Ethnic Names: Scythian – Skudra – Sogdian – Saka. 1980 (SBph, 371. Band)

Nr. 10: Rüdiger Schmitt, Altpersische Siegelinschriften. 1981 (SBph, 381. Band)

Nr. 11: Kaikhusroo M. JamaspAsa, Aogəmadaēcā. A Zoroastrian Liturgy. 1982 (SBph, 397. Band)

Nr. 12: R. E. Emmerick and P. O. Skjærvø, Studies in the Vocabulary of Khotanese I. 1982 (SBph, 401. Band)

Nr. 13: Manfred Mayrhofer, Lassen sich Vorstufen des Uriranischen nachweisen? (Sonderdruck aus Anzeiger, 120/1983)

Nr. 14: Reinhard Pohanka, Zu einigen Architekturstücken von Tell-e Zohak bei Fasa, Südiran. (Sonderdruck aus Anzeiger, 120/1983)

Nr. 15: Wilhelm Eilers, Iranische Ortsnamenstudien. 1987 (SBph, 465. Band)

Nr. 16: Reinhard Pohanka, Die Masdjed-e Djoume in Darab, Südiran. (Sonderdruck aus Anzeiger, 121/1984)

Nr. 17: R. E. Emmerick and P. O. Skjærvø, Studies in the Vocabulary of Khotanese II. 1987 (SBph, 458. Band)

Nr. 18: Wolfgang Felix, Antike literarische Quellen zur Außenpolitik des Sāsānidenstaates. Erster Band (224–309). 1985 (SBph, 456. Band)

Nr. 19: Reinhard Pohanka, Burgen und Heiligtümer in Laristan, Südiran. Ein Surveybericht. 1986 (SBph, 466. Band)

Nr. 20: N. Rastegar und W. Slaje, Uto von Melzer (1881–1961). Werk und Nachlaß eines österreichischen Iranisten. 1987 (SBph, 477. Band)

Nr. 21: Ladislav Zgusta, The Old Ossetic Inscription from the River Zelenčuk. 1987 (SBph, 486. Band)

Nr. 22: Wolfram Kleiss, Die Entwicklung von Palästen und palastartigen Wohnbauten in Iran. 1989 (SBph, 524. Band)

Nr. 23: Nosratollah Rastegar, Zur Problematik einiger handschriftlicher Quellen des neupersischen Namenbuches. 1989 (SBph, 525. Band)

Nr. 24: Dorit Schön, Laristan – eine südpersische Küstenprovinz. Ein Beitrag zu seiner Geschichte. 1990 (SBph, 553. Band)

Nr. 25: Rüdiger Schmitt, Epigraphisch-exegetische Noten zu Dareios' Bīsutūn-Inschriften. 1990 (SBph, 561. Band)

Nr. 26: Jost Gippert, Iranica Armeno-Iberica. Studien zu den iranischen Lehnwörtern im Armenischen und Georgischen. Band I–II. 1993 (SBph, 606. Band)

Nr. 27: R. E. Emmerick and P. O. Skjærvø, Studies in the Vocabulary of Khotanese III. 1997 (SBph, 651. Band)

Nr. 28: Xavier Tremblay, Pour une histoire de la Sérinde. Le manichéisme parmi les peuples et religions d'Asie Centrale d'après les sources primaires. 2001 (SBph, 690. Band)

Nr. 29: Rüdiger Schmitt, Die iranischen und Iranier-Namen in den Schriften Xenophons. (Iranica Graeca Vetustiora. II). 2002 (SBph, 692. Band)

Nr. 30: Rüdiger Schmitt, Meno-logium Bagistano-Persepolitanum. Studien zu den alt-persischen Monatsnamen und ihren elamischen Wiedergaben. Unter redaktioneller Mitwirkung von Velizar Sadovski. 2003 (SBph, 705. Band)

Nr. 31: Antonio Panaino, Rite, parole et pensée dans l'Avesta ancien et récent. Quatre leçons au Collège de France (Paris, 7, 14, 21, 28 mai 2001). Edité par Velizar - Sadovski, avec la collaboration rédactionnelle de Sara Circassia. 2004 (SBph, 716. Band)

Nr. 32: Roman Siebertz, Die Briefmarken Irans als Mittel der politischen Bildpropaganda. 2005 (SBph, 722. Band)

Nr. 33: Rüdiger Schmitt, Iranische Anthroponyme in den erhaltenen Resten von Ktesias' Werk. (Iranica Graeca Vetustiora. III). 2006 (SBph, 736. Band)

Nr. 34: Heiner Eichner, Bert G. Fragner, Velizar Sadovski und Rüdiger Schmitt (Hrsg.), Iranistik in Europa – gestern, heute, morgen. Unter redaktioneller Mitarbeit von Hannes Hofmann und Vera Giesen. 2006 (SBph, 739. Band)

Nr. 35: Uto v. Melzer, Farhangnevīs. Materialien zu einem Persisch-deutschen Wörterbuch. Hrsg. von Nosratollah Rastegar. Band I–IV. 2006 (Dph, 339. Band)

Nr. 36: Manfred Mayrhofer, Einiges zu den Skythen, ihrer Sprache, ihrem Nachleben. 2006 (SBph, 742. Band)

Nr. 37: Siegfried Weber, Die persische Verwaltung Kaschmirs (1842–1892). Band 1–2. 2007 (SBph, 754. Band)

Nr. 38: Farhangnevīs. Datenbank zu Uto von Melzers lexikographischen Materialien: Persisch-Deutsch/Deutsch-Persisch. Hrsg. von Nosratollah Rastegar. 2007 (CD-ROM)

Nr. 39: Rüdiger Schmitt, Pseudo-altpersische Inschriften. Inschriftenfälschungen und moderne Nachbildungen in altpersischer Keilschrift. 2007 (SBph, 762. Band)

Nr. 40: Thamar E. Gindin, The Early Judaeo-Persian Tafsīrs of Ezekiel: Text, Translation, Commentary. Vol. I: Text. 2007 (SBph, 763. Band)

Nr. 41: Antonio Panaino und Velizar Sadovski, Disputationes Iranologicae Vindobonenses, I.: Antonio Panaino, Chronologia Avestica. Velizar Sadovski, Epitheta und Götternamen im älteren Indo-Iranischen. 2007 (SBph, 764. Band)

Nr. 42: Helmut Slaby, Bindenschild und Sonnenlöwe. Die Geschichte der österreichisch-iranischen Beziehungen bis zur Gegenwart. Nachdruck. 2010 (SBph, 770. Band)

Nr. 43: Tommaso Gnoli, The Interplay of Roman and Iranian Titles in the Roman East (1st–3rd Century A.D.). 2007 (SBph, 765. Band)

Nr. 44: Thamar E. Gindin, The Early Judaeo-Persian Tafsīrs of Ezekiel: Text, Translation, Commentary. Vol. II: Translation. 2007 (SBph, 766. Band)

Nr. 45: Thamar E. Gindin, The Early Judaeo-Persian Tafsīrs of Ezekiel: Text, Translation, Commentary. Vol. III: Commentary (*in Vorbereitung*)

Nr. 46: Bert G. Fragner, Ralph Kauz, Roderick Ptak und Angela Schottenhammer (Hrsg.), Pferde in Asien: Geschichte, Handel und Kultur / Horses in Asia: History, Trade and Culture. 2009 (Dph, 378. Band)

Nr. 47: Giorgio Rota, La Vita e i Tempi di Rostam Khan. Edizione e traduzione italiana del Ms. British Library Add 7,655. 2009 (SBph, 790. Band)

Nr. 48: Fridrik Thordarson, Ossetic Grammatical Studies. 2009 (SBph, 788. Band)

Nr. 49: Rüdiger Schmitt und Gerhard Brugmann (Hrsg.), Aus Karl Brugmanns Jugenderinnerungen. Eingeleitet und mit Anmerkungen versehen von Rüdiger Schmitt. 2009 (SBph, 786. Band)

Nr. 50: Velizar Sadovski, Untersuchungen zu Sprache und Stil des ältesten Indo-Iranischen (Veda und Avesta). (Stilistica Indo-Iranica, II.) (*in Vorbereitung*)

Nr. 51: Velizar Sadovski und David Stifter (Hrsg.), Iranistische und indogermanistische Beiträge in memoriam Jochem Schindler (1944–1994). 2012 (SBph, 851. Band)

Nr. 52: Ralph Kauz, Giorgio Rota und Jan Paul Niederkorn (Hrsg.), Diplomatisches Zeremoniell in Europa und im Mittleren Osten in der frühen Neuzeit. 2009 (SBph, 796. Band)

Nr. 53: Giorgio Rota, Under Two Lions. On the Knowledge of Persia in the Republic of Venice (ca. 1450–1797). 2009 (SBph, 793. Band)

Nr. 54: Manfred Mayrhofer, Indogermanistik: Über Darstellungen und Einführungen von den Anfängen bis in die Gegenwart. 2009 (SBph, 787. Band)

Nr. 55: Ela Filippone, The Fingers and their Names in the Iranian Languages. (Onomasiological Studies of Body-Part Terms, I). 2010 (SBph, 811. Band)

Nr. 56: Olav Hackstein, Apposition and Nominal Classification in Indo-European and Beyond. 2010 (SBph, 798. Band)

Nr. 57: Geschichte Wassaf's. Persisch herausgegeben und deutsch übersetzt von Hammer-Purgstall. Neu herausgegeben von Sibylle Wentker nach Vorarbeiten von Klaus Wundsam. Band 1. 2010 (SBph, 802. Band)

Nr. 58: Gisela Fock, Die iranische Moderne in der Bildenden Kunst: Der Bildhauer und Maler Parviz Tanavoli. 2011 (SBph, 815. Band)

Nr. 59: Geschichte Wassaf's. Deutsch übersetzt von Hammer-Purgstall. Herausgegeben von Sibylle Wentker nach Vorarbeiten von Elisabeth und Klaus Wundsam. Band 2. 2010 (SBph, 803. Band)

Nr. 61: Yuri Stoyanov, Defenders and Enemies of the True Cross. The Sasanian Conquest of Jerusalem in 614 and Byzantine Ideology of Anti-Persian Warfare. 2011 (SBph, 819. Band)

Nr. 62: Barbara Karl, Treasury – Kunstkammer – Museum: Objects from the Islamic World in the Museum Collections of Vienna. 2011 (SBph, 822. Band)

Nr. 63: Şevket Küçükhüseyin, Selbst- und Fremdwahrnehmung im Prozess kultureller Transformation. Anatolische Quellen über Muslime, Christen und Türken (13.–15. Jahrhundert). 2011 (SBph, 825. Band)

Nr. 64: Geschichte Wassaf's. Deutsch übersetzt von Hammer-Purgstall. Herausgegeben von Sibylle Wentker nach Vorarbeiten von Elisabeth und Klaus Wundsam. Band 3. 2012 (SBph, 827. Band)

Nr. 67: Luke Treadwell, Craftsmen and coins: signed dies in the Iranian world (third to the fifth centuries AH). 2011 (Dph, 423. Band, gleichzeitig: Veröffentlichungen der Numismatischen Kommission, Band 54)

Nr. 69: Amr Taher Ahmed, La « Révolution littéraire ». Étude de l'influence de la poésie française sur la modernisation des formes poétiques persanes au début du XXe siècle. 2012 (SBph, 829. Band)

IRANISCHE ONOMASTIK

HERAUSGEGEBEN VON BERT G. FRAGNER UND FLORIAN SCHWARZ

(Nr. 1–10: Herausgegeben von Bert G. Fragner und Velizar Sadovski)

Nr. 1: Rüdiger Schmitt, Das Iranische Personennamenbuch: Rückschau, Vorschau, Rundschau (mit einer Bibliographie zur Iranischen Personennamenkunde). 2006 (SBph, 744. Band)

Nr. 2: Sonja Fritz, Die ossetischen Personennamen. (= Iranisches Personennamenbuch, Band III, Faszikel 3). 2006 (SBph, 746. Band)

Nr. 3: Ulla Remmer, Frauennamen im Rigveda und im Avesta. 2006 (SBph, 745. Band)

Nr. 4: Ran Zadok, Iranische Personennamen in der neu- und spätbabylonischen Nebenüberlieferung. (= Iranisches Personennamenbuch, Band VII, Faszikel 1B). 2009 (SBph, 777. Band)

Nr. 5: Philippe Gignoux, Christelle Jullien, Florence Jullien, Noms propres syriaques d'origine iranienne. (= Iranisches Personennamenbuch, Band VII, Faszikel 5). 2009 (SBph, 789. Band)

Nr. 6: Rüdiger Schmitt, Iranische Personennamen in der neuassyrischen Nebenüberlieferung. (= Iranisches Personennamenbuch, Band VII, Faszikel 1A). 2009 (SBph, 792. Band)

Nr. 7: Nicholas Sims-Williams, Bactrian Personal Names. (= Iranisches Personennamenbuch, Band II, Faszikel 7). 2010 (SBph, 806. Band)

Nr. 8: Pavel B. Lurje, Personal Names in Sogdian Texts. (= Iranisches Personennamenbuch, Band II, Faszikel 8). 2010 (SBph, 808. Band)

Nr. 9: Rüdiger Schmitt, Iranische Personennamen in der griechischen Literatur vor Alexander d. Gr. (= Iranisches Personennamenbuch, Band V, Faszikel 5A). 2011 (SBph, 823. Band)

Nr. 10: Rüdiger Schmitt, Manfred Mayrhofer: Leben und Werk. Mit vollständigem Schriftenverzeichnis. 2012 (SBph, 828. Band)

Nr. 12: Olav Hackstein and Ronald I. Kim (Hrsg.), Linguistic Developments along the Silkroad: Archaism and Innovation in Tocharian (= Multilingualism and History of Knowledge, Volume II. Hrsg. von Jens E. Braarvig, Markham J. Geller, Gebhard Selz und Velizar Sadovski). 2012 (SBph, 834. Band)

IRANISCHES PERSONENNAMENBUCH

BEGRÜNDET VON MANFRED MAYRHOFER
HERAUSGEGEBEN VON RÜDIGER SCHMITT, HEINER EICHNER,
BERT G. FRAGNER UND VELIZAR SADOVSKI

Bisher erschienen:

Band I: Die altiranischen Namen
Von Manfred Mayrhofer. 1979 (Sonderpublikation).

Faszikel 1, 2 und 3 in einem Band:
Faszikel 1: Die avestischen Namen.
Faszikel 2: Die altpersischen Namen.

Faszikel 3: Indices zum Gesamtband.

Band II: Mitteliranische Personennamen

Faszikel 2: Noms propres sassanides en moyen-perse épigraphique. Von Philippe Gignoux. 1986 (Sonderpublikation)

Faszikel 3: Noms propres sassanides en moyen-perse épigraphique. Supplément (1986–2001). Von Philippe Gignoux. 2003 (Sonderpublikation)

Faszikel 7: Bactrian Personal Names. Von Nicholas Sims-Williams. 2010 (SBph, 806. Band/Iranische Onomastik, Nr. 7)

Faszikel 8: Personal Names in Sogdian Texts. Von Pavel B. Lurje. 2011 (SBph, 808. Band/Iranische Onomastik, Nr. 8)

Band III: Neuiranische Personennamen

Faszikel 3: Die ossetischen Personennamen. Von Sonja Fritz. 2006 (SBph, 746. Band/Iranische Onomastik, Nr. 2)

Band IV: Materialgrundlagen zu den iranischen Personennamen auf antiken Münzen: Nomina propria Iranica in nummis

Von Michael Alram. 1986 (Sonderpublikation)

Band V: Iranische Namen in Nebenüberlieferungen indogermanischer Sprachen

Faszikel 4: Iranische Namen in den indogermanischen Sprachen Kleinasiens: Lykisch, Lydisch, Phrygisch.Von Rüdiger Schmitt. 1982 (Sonderpublikation)

Faszikel 5A: Iranische Personennamen in der griechischen Literatur vor Alexander d. Gr. Von Rüdiger Schmitt. 2011 (SBph, 823. Band/Iranische Onomastik, Nr. 9)

Faszikel 6a: Iranische Namen in den griechischen Dokumenten Ägyptens. Von Philip - Huyse. 1991 (Sonderpublikation)

Band VII: Iranische Namen in semitischen Nebenüberlieferungen

Faszikel 1A: Iranische Personennamen in der neuassyrischen Nebenüberlieferung. Von Rüdiger Schmitt. 2009 (SBph, 792. Band/Iranische Onomastik, Nr. 6)

Faszikel 1B: Iranische Personennamen in der neu- und spätbabylonischen Nebenüberlieferung. Von Ran Zadok. 2009 (SBph, 777. Band/Iranische Onomastik, Nr. 4)

Faszikel 5: Noms propres syriaques d'origine iranienne. Von Philippe Gignoux, Christelle Jullien, Florence Jullien. 2009 (SBph, 789. Band/Iranische Onomastik, Nr. 5)